本書影印底本由日本早稻田大學圖書館收藏

中國典籍日本注釋叢書・論語卷

張培華 編

論語講義並辨正

［日］田中履堂 撰

野道明の補注による『論語集注』を教科書に、柳町達也先生から学而第一を二年間習ったものだった。

その講義で学んだことは、現代語や解説などに頼らずに、直接古典注釈書を学ぶことの意義と、長い注釈の歴史を持つ中国に劣らず、日本でも朱子を乗り越えようとした先人の営みの精華を知ったことだった。

本書の最初に収める松平頼寛（1703～1763）『論語徴集覧』には、日本における論語についての二大著述を対照させた集注が収められる。すなわち伊藤仁斎（1627～1705）『論語古義』と荻生徂徠（1666～1728）『論語徵』である。いずれも朱子の説を祖述することを潔しとせず、それを乗り越えるべく独自の思想を追究した先人の賜物といえる。

江戸時代、林羅山によって身分制度を正当化する朱子学は、江戸幕府の正学とされていた。そこでは、「上下定分の理」や、そのために名称と実質の一致を確立しようとした名分論が武家政治の基礎理念として貫かれていた。

しかし、仁斎と徂徠の両名は、ともに当時支配的であった朱子学的な経典解釈に批判的態度であたった。具体的には、両名は直接原典を考究するという原理主義に立って朱子学に臨んだのである。ただし、両者の採った方法はそれぞれ異なるものであった。

端的に言えば、仁斎の古義学は、疑念を持って原典にあたり、批判的な態度で読むことに努めたものといえ、徂徠の古文辞学は、原音原語と制度文物の研究によって、先王の道を知ろうというものであった。また、中国語に堪能だった徂徠は仁斎に否定的な態度で臨んだことも特徴的であった。その結果、それぞれ方法・立場を異にしながらも、全人的理解を目指して体系に裏打ちされた思想を生み出したのである。本書に収載の『古義』『徴』の二書にもその傾向はうかがえる。

両名の考え方の差は随所に現れている。一例として学而第一第八章を採り上げてみよう。

「子曰、君子不重則不威。
学則不固。
主忠信。
無友不如己者。
過則勿憚改。

この部分の解釈は仁斎と徂徠とで異なる。詳しくは収載された両書を参照して考えてもらいたいが、あえて一点だけ述べれば、この章の「学則不固」の部分には両者の考え方の違いが最も明確に現れているといえる。

まず、仁斎は、『論語』は孔子が当時の賢士大夫に向かって説いたもので、この章も孔子が説いたいくつかの言葉を弟子たちがつづり合わせたものと考えた。それに対して徂徠は、『論語』は孔子が以前からの古言を唱えながら教えたものであるため、一貫性を認めづらい部分や、重複した内容があることも当然と考えた。その結果、仁斎は「学則不固」を、「学べば則ち固かたからず」と訓んで、きちんと学問をしないと堅固な考えを持てないと解釈した。それに対して、徂徠は「学べば則ち固こせず」と訓むことができる解釈を行った。孔子には定まった師はなかったので、融通無碍な考え方を行う人であったと考え、学びを深めれば、狭い見識にとらわれた固陋な考えを持たなくなるというのである。

朱子の学問は、孔子の一言片句さえも一貫した意味と思想を持つものと解釈することに努めた。それに対して、日本の仁斎と徂徠はその立場を採らず、朱子とは異なる解釈を行ったのである。仁斎は孔子の平生の言葉を繋げ合わせたものとし、徂徠は以前から伝わる古言を孔子が唱えながら教えたものと考えた。徂徠の考え方を採れば、他の箇所にも重複のあることに説明がつき、同じ章の「過ちては改むるに憚ること勿れ」からうかがい知れる君子像とも矛盾しない。

また、全体的思想においても、朱子は宇宙に根拠づけられた道の体現者としての孔子を見ようとしたのに対し、仁斎は、その考え方を排斥して日常性と道徳に関心を集中させた考えを採った。徂徠も同じく朱子とは異なる経学を示しながらも、仁斎にも反対の立場を採り、先王とは異なって統治者としての経験・実績はないものの、そのための道を後世に示した孔子の偉大さを伝えようと努めたのである。

こうした日本経学の豊潤な蓄積と独自性が、中国で知られることは少ないだろう。本書を編纂する意図はまさにそこにあるのだが、中国の人達だけでなく、多くの日本の人達にも興味を持っていただきたく思う。

平成二十八年師走　相田満

《論語》和日本

——代前言

一

翻開日本《古事記》應神天皇的章節，其中有『論語十卷』的記載。這是目前所知日本對《論語》的最早記録。應神天皇是日本第十五代天皇，在位四十一年（約公元二七〇年至三一〇年在位），一百歲崩（《古事記》載一百三十歲）。論及《論語》和日本的關係，上述記載是不可忽視的，至於《古事記》的記載是真是假，已有諸多考證，限於篇幅，在此不贅。《古事記》是日本最早的書，由其記載，可推知《論語》流傳到日本至少一千七百年了。這裡不妨摘録一段日本漢學大家諸橋轍次的話。他説：

《論語》是公元二八五年（應神天皇十六年）由百濟王仁博士傳到日本的。日本最早的書《古事記》成書於七一二年（和銅五），以此推算，《論語》到日本要比《古事記》早四百二十七年。也可以説,《論語》是日本人手裡拿到的第一本書。從那以後至今,《論語》差不多被日本人讀了一千七百年,終於家喻户曉、人人皆知、可親可敬了。雖説《論語》是外來的書,可我覺得稱其為日本古典中的古典並不過份。

（諸橋轍次《中國古典名言事典》,講談社學術文庫,第十九頁）

諸橋轍次先生的這段話,述及《論語》自傳入到被日本人廣泛接受的過程。那麽一千多年來,日本人究竟是怎麽閲讀《論語》的呢?

二

正如《古事記》所記載的那樣,自從王仁博士將《論語》作為禮物敬獻給應神天皇的皇子以來,《論語》以及流傳到日本的中國典籍的讀者主要是日本天皇和皇室子孫。他們通常由大學博士等專業人士傳授。比如日本漢文史籍《日本三代實録》第五卷清和天皇貞觀三年(八六一)八月十六日有如下記載:

十六日丁巳,天皇始講論語,正五位下行大學博士大春日朝臣雄繼侍講。

（《日本三代實録》上卷,名著普及會,第一三一頁）

該書第三十六卷元慶三年(八七九)八月十二日同樣有陽成天皇讀《論語》的記録:

十二日己巳,天皇始講論語,正五位下行大學博士大春日朝臣雄繼侍講。

(《日本三代實録》下卷,名著普及會,第一八〇頁)

清和天皇和陽成天皇分别是日本第五十六代和第五十七代天皇。《論語》不僅僅為天皇閱讀,也是皇子的啟蒙讀物。比如從《御産部類記》中可知皇子出生一周之内,由明經博士、紀傳博士閱讀的中國典籍書目中就有《論語》:

延長元年七月二十四日,皇后(藤原穩子)産男兒(寬明親王),前朱雀院,内匠寮作御湯具,七日間明經、紀傳博士等相交讀書,千字文、漢書・景帝紀、文王卌(原字)子篇、古文孝經、論語置一卷、尚書、史記、毛詩、明帝紀、左傳等也。

(《圖書寮叢刊・御産部類記》,明治書院,第七、八頁)

延長元年即西元九二三年。寬明親王剛出生,耳邊就聆聽大學博士讀《論語》及各種典籍,可見日本古代天皇對皇子履行儒家經典教育的重視。寬明親王日後成為日本第六十一代天皇即朱雀天皇。

不僅古代天皇及皇子耽悦《論語》及中國典籍，誦讀《論語》更是男性貴族修身的主要方式。這與日本古代没有文字密切相關。正如齋部廣成在其《古語拾遺》的《序言》裡説：『上古之世，未有文字。貴賤老少，口口相傳，前言往行，存而不忘。』(《古語拾遺》，岩波書店，第一一九頁)自漢字傳入日本後，日本開始借用漢字表情達意。前文提到的《古事記》，從頭至尾都是用漢字書寫的。日本第一部和歌集《萬葉集》也是用漢字書寫的。但問題是，雖是漢字，中國人卻未必能看懂。比如，明代李言恭《日本考》中有如下日本古代歌謠：

月木日木，所乃打那天木，乃子革失也，我和慕人那，阿而多思葉白。

(〔明〕李言恭、郝傑編撰，汪向榮、嚴大中校注《日本考》，中華書局，一九八三年，第一二四頁)

恐怕任何中國人讀了以上歌謠，都會如墜五里雲霧而不知所云。其實這是一首日本古代情歌，大意是：『日月同天，想他那裡，我思念人，有人思我。』(出處同上)

這是因爲，日本借用漢字表情達意時，已經有固定的日語表達形式了，只是没有日語文字而已。這是一個值得深究的課題。

借用中國漢字，終究不方便，於是日本在平安時代發明了『假名』，即記録日語的文字。

顧名思義，假名是相對於『真名』而言的，真名即漢字書寫的古文。十分有趣的是，日本創造的假名，依然與漢字藕斷絲連。毫不諱言，日語的假名，其本質是對漢字的『崩裂』。五十個平假名和五十個片假名，都基於一百個漢字。日語假名不變，漢字轉爲繁體字。假名源於漢字，在日本學生《國語》裡，均有鮮明的解釋，只是千百年來，對於日本學生或對所有日本人而言，在他們的意識裡，與其説漢字是中國的，倒不如説漢字是日本的，俗話説習慣成自然。

假名終於替代了真名，成爲日本的國語。但是，在假名剛剛開始的平安時代，『真名』與『假名』的地位截然不同。按古代日本律令的規定，國家政府機關的官方文書，一律爲真名，且多爲男性高級貴族把持，因此真名也稱爲『男手』，相對真名而言的假名，則叫『女手』。日本古典文學《枕草子》及《源氏物語》即是『女手』創作的代表作。從《源氏物語》作者紫式部的假名日記（《紫式部日記》）中可見，當時她旁聽兄長的漢儒課程時，由於其記憶力好，每當兄長被問得不能回答而發窘時，她在一旁倒背如流。她作爲文人的父親對其刮目相看，十分惋惜地説：真可惜你不是男兒啊！由此可見當時重視男子識『真名』女子習『假名』之一斑。

女性貴族宜用假名，男性貴族須用真名。從現存男性貴族的漢文日記中，我們仍然會發覺《論語》是皇室子孫必讀的中國典籍之一。比如日本第六十六代天皇一條天皇的第二皇子敦成親王誕生後，當時的攝政大臣，即一條天皇的岳父藤原道長在他的漢文日記《御堂關白記》中（現存作者部分親筆日記均爲日本國寶），對敦成親王的讀書書目和讀書時間以及擔任博士均有詳細記録。比如寛弘六年（一〇〇九）十二月一日，上午讀《漢書》，傍晚時分由名叫爲忠的人讀《論語·大伯篇》(詳見《御堂關白記》,岩波書店,第二七一頁)。敦成親王日後成爲日本第六十八代天皇即後一條天皇。

鎌倉時代和室町時代的漢文日記裡,也依然可見閱讀《論語》的記録。比如鎌倉時代公卿近衛家實在其《猪隈關白記》裡,於正治二年(一二〇〇)二月一日記:『博學而篤志,論語云云。』(詳見《猪隈關白記》,岩波書店,第六九頁)另外在建仁三年(一二〇三)八月二日還有『釋奠、論語』的記述(詳見《猪隈關白記》,岩波書店,第二七〇頁)。所謂『釋奠』是沿襲古代中國祭奠以孔子爲代表的儒家先哲的儀式,最早由奈良時代《大寶令》中的學令頒佈後,于大寶元年(七〇一)實行,中途停止,後又復活,反反復複直到明治維新才餘韻告罄。

鎌倉時代以後的室町時代,後崇光院伏見宮貞成親王的日記於永享八年(一四三六)十月二日記:『讀書如例,論語第一卷講義。』(詳見《看聞日記》第五卷,宮内廳書陵部,第三二〇頁)

另外在室町貴族内大臣萬里小路(藤原)時房的日記《建内記》裡,也同樣可見其耽悦《論語》的記録。比如在康正元年(一四五五)八月二十一日的日記中有以下記載:『岡崎三品(周茂)終日來談,論語第七讀和了。』(詳見《建内記》第十卷,岩波書店,第一七八頁)

從以上零零碎碎的記述裡,大致可以瞭解,《論語》在日本先有天皇及皇室子孫閱讀,爾後普及到貴族階層,延綿不絕。但是,直到室町時代尚不見有學者潛心閱讀《論語》後,用漢文加以解釋的著作。

三

如果把『論語』作爲關鍵词輸入日本國立國會圖書館的藏書檢索欄裡，現在顯示的數目是三六四一件。這個數目還在不斷增長，因爲每年都有新的有關《論語》的書籍出版。比如二〇一六年六月，岩波書店出版了井波律子氏翻譯的《完譯論語》，同年十月，筑摩書房出版了齋藤孝氏翻譯的《論語》。日本《論語》的譯作，可謂雨後春筍，層出不窮。而且有趣的是，翻譯《論語》的譯者未必會説漢語，他們能夠翻譯《論語》，其氣魄來自對中國古文的日語解讀——訓讀。

説起訓讀，得回到平安時代日本人所發明的假名。前文提到過的源於漢字的一百個假名中，其中五十個片假名就是爲訓讀『真名』漢文服務的。漢文訓讀的發明，不能不説是日本人的智慧，因爲所有的中國典籍，一旦配上訓讀，如何閱讀的問題就會引刃而解。因為有訓讀這一特殊的閱讀方法，所以一個日本人即使完全不會説漢語，也能夠看懂《論語》。訓讀並不難，即按照日語的順序，在漢字左右下角分别添加訓點和送假名。其目的是爲了符合日語的順序，所以有必要顛倒漢語的語序，因爲日語和漢語的語序不同，比如漢語動詞後面跟賓語，而日語常常是賓語在前動詞在後。而訓點符號恰是爲顛倒漢語語序迎合日語順序而起作用的。

訓點符號屈指可數，簡言之，不外乎以下訓點。首先是返点『レ』，意为返回，即在两个汉字之间有返点的话，先读下边的字，然后再返回读上边的字。其次『一、二、三、四』點，即按照點數的多少，先讀有一點的字，次讀有二點的字，再讀有三點的字，最後讀有四點的字，以此類推。同樣的方法還有『上、中、下』點和『甲、乙、丙、丁』的訓點標誌。這些訓點基本都是按照其順序先後讀字罷了。如此看來，訓讀的方法並不困難，不過訓讀後的漢字得配上相應的送假名即片假名部分，需要有深厚的日語語感，所以日語能力的高低，左右著訓讀後的翻譯水準。由於古代漢文都是豎排，日語亦然，所以按訓讀規則，一般將訓點標在漢字的左下角，片假名標在漢字的右下角。

日本的訓讀雖易學，但其方式比較煩雜，似乎没有統一的模式，又常常與師承直接相關。比如昭和時代的學者，就有東大（東京大學）和京大（京都大學）畢業生訓讀的不同方式。

訓讀起源于平安時代，最早誕生于漢儒博士之家，派系林立，方法不一，猶如祖傳秘方不外傳，承繼的都是同門子弟。雖然方法不一，但是對理解中國古文似乎大相徑庭。好比中國大陸使用中文拼音，而中國臺灣則使用注音符號，形式不一，但對於同一個漢字所發出的聲音還是一致的。毫無疑問，日本人發明的訓讀，是日本人理解中國典籍的一條有效捷徑。時至今日，漢文訓讀仍然是日本高中生考大學的必考課程。可見，用訓讀的方法理解中國古文的技能，幾乎都潛伏在每一個日本人的頭腦裡。因此，對中國人來説，理解日本人，要知道他們會訓讀的本領。比方説，一個中國人古文功底很差，而一個日本人，訓讀能力很强，在理解中國古文方面，日本人往往比中國人更勝一籌，這並不是神話。

由上可知，《論語》傳到日本以後，自從片假名發明以來，日本人用訓讀的方法，一代又一代孜孜不倦地閱讀著《論語》。

一千多年來，《論語》在日本一直很受寵，從來没有被排擠過，時至今日，在中國典籍中，《論語》依然最受推崇。走進日本任何一家書店，恐怕都不難找到《論語》的位置。

關於《論語》流傳日本的底本，前後有兩種。一是可見於古代日本律令中的鄭玄注、何晏集解以及平安時代《日本國見在書目録》中爲代表的皇侃《論語義疏》，二是朱熹的《論語集注》。前者爲古注，後者爲新注。新注《論語》在日本更受重視，比如明治書院出版的『新釋漢文大系』中的吉田賢抗氏的《論語》注釋本，其底本爲朱熹的《論語集注》。現爲日本中國學會會長的土田健次郎氏最近譯注了《論語集注》（詳見《論語集注》，東洋文庫，二〇一三—二〇一五年）。

江户時代之前，日本雖有各式《論語》訓讀方法，卻鮮有《論語》注釋著作。日本《論語》注釋的形成及高峰期均在江户時代，其中最重要的著作有兩部：一是伊藤仁齋（一六二七—一七〇五）的《論語古義》，另一部是荻生徂徠（一六六六—一七二八）的《論語徵》。

伊藤仁齋早先是朱子學派人物，但在《論語古義》里，卻義無反顧地站在反朱子學的立場上。同樣反對朱子學的荻生徂徠，在其《論語徵》里也反對伊藤之學。後來松平賴寬將上述兩部著作和何晏《論語集解》、朱熹《論語集注》編印到一起，名爲《論語徵集覽》，大大便利對比閲讀。

本套叢書收録了松平賴寬《論語徵集覽》、山本日下《論語私考》、三野象麓《論語象義》、山本樂所《論語補解》、田中履堂《論語講義並辨正》等系列著作，均是江户時代最有影響的《論語》注釋著作，其中三種帶有訓點符號，對閲讀或有不便，但這些著作第一次與國内讀者晤面，相信會對讀者學習、研究《論語》有所助益，甚至能對研究日本漢學乃至東亞儒家文化帶來好處，那正是編者所期待和引以為榮的。

国文学研究資料館博士研究員 張培華

二〇一六年十二月於東京

作者及版本

田中履堂（一七八五—一八三〇），名頤，字大壯，通稱大藏，號履堂。京都人。曾就學於皆川淇園，在京都開辦私塾，擔當伊勢津藩的講官。另著有《周易講義》等。

《論語講義並辨正》，據該書序文作於文政二年（一八一九），綫裝和刻本，書高二十六厘米，共六冊。封面題簽『論語講義卷之一』，爲第一冊，收『學而第一』至『里仁第四』，第二冊爲『論語講義卷之二』，即『公冶長第五』至『鄉黨第十』，第三冊爲『論語講義卷之三』，即『先進第十一』至『憲問第十四』，第四冊爲『論語講義卷之四』，即『衛靈公第十五』至『堯曰第二十』，第五冊爲『論語集注辯正卷之上』，即辨正『學而第一』到『鄉黨第十』，第六冊爲『論語集注辯正卷之下』，即辨正『先進第十一』至『堯曰第二十』。

目録

論語講義並辨正序

論語者蓋所用孔子及羣弟子之語若事反覆論次
之而以明聖賢之道也故語必每章有其所由語者
之旨而存焉論亦必每章有其所論次者之旨而存
焉學者須先詳其所由語者之旨而又知其所論次
者之旨冀可以得通達斯道矣故作者特明其義所
在之大意題曰論語耳而漢儒以來註此書者唯討
其語旨而遺其論旨故其所解說之語旨亦大有所
失誠千載之闕典也昔吾先師皆川伯恭夙有發於
茲作論語繹解上梓者前後凡二一末又頗有意於改

修之不果而沒顧不敏亦沈潛乎斯文數年乃纘先師之緒謹述其意而作論語講義四卷以講明其語旨與其論旨之義又作論語辨正二卷以辨正先儒之繆誤庶幾有裨益聖道之萬一云

文政二年己卯冬十月　　後學田中順撰

論語講義卷之一

日本 越前 田中順大壯 著

學而第一 凡十六章

○子曰學而時習之不亦說乎 子弟子內孔子而稱也學者希進其德而以業之也蓋孔門所教先王之詩書禮樂詩書義之府禮樂德之則學者即欲以斯二者成之已者而躬能履之其君臣父子長幼朋友之間是也故凡論語中云學者率皆謂學詩書禮樂間或偏謂學詩禮蓋亦其省語也時者當其可也習者能知通其物義也說與悅同意有所遂也此章三語皆勸學之辭故每取其類之曰不亦乎也言學者平生有所學問而能得以其義適中會悟之於日用實施上則學誠有其功是以足以自悅也

有朋自遠方來不亦樂乎 朋謂同道而交者也樂者心適焉以方其會通也蓋學積時習則其德乃成矣其德既成則又當以行其道爲本志而道者固衆之

所共由故其德自不孤必偶有朋自遠方故來從人
學者是其篤志足傳其道者是以足以自樂也
不知而不慍不亦君子乎慍者有不得意而悶也君子者在位爲政卿大夫之
稱而如此章以學者能有其德而可任其政者稱也
蓋世有隆汚道有通塞故人或不知其有學德然而
不爲之慍悶者是學誠爲成已而不爲名利者是以
足以爲君子也○論次此書者之旨明學須唯要實
用躬行不可毫爲名利其所悅在乎成已
其所樂在乎弘道而後君子可庶幾也矣

○有子曰其爲人也孝弟而好犯上者鮮矣不好犯
上而好作亂者未之有也有子孔子弟子名若孝者善繼人之志善述人之事
之德也弟者善降其身以事兄長之德也犯逆戾而
觸之也鮮希少也亂治之反物不得其所也此謂作
興不仁者之事君子務本暗言孝弟本立而道生立行之前也道生者仁義諸道
由此而生也已上二句孔子之語見說苑孝弟也者其爲仁之本與也者者於

數物中分稱一物之辭仁者躬能勉強而濟人之德也與者推言其實之辭此二句有子發明夫子言本之旨也蓋夫治亂者邦家之大紀綱而除亂爲治仁莫大乎此焉覆治作亂不仁莫大乎此焉而凡亂之所作者生於爭爭者出於不孝弟故孝弟則自不好犯上不好犯上則又固不好作亂也而凡治之所生者亦無不始於孝弟而成於仁故本立而道生也由此言之孝弟也者不唯修其一已之美德抑又所以防不仁之亂而爲仁治之大者是以有子謂孝弟也者其實爲所成仁德之本也○論者之旨欲明學當以孝弟爲先因示其德之大而不可不尊尚也

○子曰巧言令色鮮矣有仁有字從皇侃本巧言謂迎合曲至悅人之言語令色謂使人可爲好愛之顏色蓋巧言令色者能體知人意取人容悅故其人殆與孝弟之人和氣婉容順事父兄者相似矣然其行不由中誠是以夫子言其人有欲仁之善心者甚希少也○論旨前章有子不好犯上之言或失之則流於巧言令色故戒其流弊因明孝弟之行不可不由其中誠也

○曾子曰吾日三省吾身爲人謀而不忠乎與朋友交言而不信乎傳不習乎

言字從皇侃本曾子孔子弟子名參字子輿省者臨將發行而內因友想撿定也三省者晨晝夕數數周復之也忠視人猶己也信其言信實不爽也蓋爲人謀事則以其非己事動易以不忠故省之也與朋友常交則其親狎日甚而或易以不信故省之也傳授之事則已矜其能而易傳以不躬親習知之事然如傳此則不忠不信故省之也而凡此數者率皆出於忽己而不加愼以謀人不小者故曾子每日深省戒愼之焉耳○論旨孝弟之人能愼重忠信則無流於巧言令色之失因以明學當次孝弟不可不以忠信也

○子曰道千乘之國敬事而信節用而愛人使民以時

道導也千乘諸侯百里之國可出兵車千乘者也不曰百里之國而以千乘言者其意專見其以地廣人衆物洪事繁常難致周悉而似一人之力難任其治者也而其不曰治而曰道者亦見君子僅執此

三者則足以制率其人事之衆繁之意也敬者用心欲得以當天意所在之義也節者方物將過制度而裁止之也民者當爲君役使者故因使字稱之曰民人者同類當相恤愛者故因愛字稱之曰人也敬事而信者言爲上者常奉天意敬重民事於其初政而其事必使民有所賴以永久不爽也節用而愛人者言爲上者務制己欲於國家之財用謹守其度不敢妄費而以其餘財惠愛人也使民以時者言諸營造脩築必於農隙之時爲之不妨其田功而害生民也而凡此數者要之忠信之事而苟能如斯則千乘雖大矣足以爲治安也〇論旨卽明忠信之用亦不唯了己之美德雖道國家之大不過此也

〇子曰弟子入則孝出則弟謹而信汎愛衆而親仁行有餘力則以學文　謹小心不安之意也汎廣交無所擇之意也言弟子人在內則唯欲孝出在外則唯欲弟當務此二者無他事而其入則孝之要心謹而言信可也其出則弟之要心汎愛群衆不致攏御而身親近仁德欲成之己可也既行斯二者猶覺其身體有餘力則當以學詩禮之文

蓋詩禮所教亦唯不過訓之其宜勤者故也○論旨前章孝弟忠信皆人之美德而其用固大矣而蓋孝弟者忠信之所由而本者忠信者孝弟之所由而立者故今教以孝弟忠信當相待而成全德耳

○子夏曰賢賢易色上一句綱領下三句類言其委事父母能竭其力事君能致其身與朋友交言而有信雖曰未學吾必謂之學矣子夏孔子弟子姓卜名商易交易也竭者出致之而成無餘也致者遣送以達著諸彼地也賢賢易色者言人能見人之有賢德者深嘉尚之吾身因欲習其賢之心如其已於好色之純誠以得相易其心者也蓋孔門教人莫先乎詩而詩實始於關雎以教好德如好色中庸亦云君子之道造端乎夫婦是以子夏特先言之事父母事君二大行之前以見其既學之成效者也竭其力者弗愛其力也致其身者自以其身立之於君命所在而終莫之違也蓋自用其情然後其力得竭焉自去其私然後其身得致焉自敬其行然後其言得信焉而此三者亦皆非文以操其心則所難能矣故其人雖自

謙曰未學子夏必謂之既學君子人也○論旨明前章言學文亦無他即當用力孝弟忠信者而苟能孝弟忠信則直謂之君子亦可也

○子曰君子不重則不威學則不固學則之則隔字法謂不重則不威不威則學亦不固也以上語弟子之道以下三句語師之道主忠信三字提綱下二句分股法無友不如己者過則勿憚改君子謂尚君子之義以為人師者也重敬重也威威憚也固者堅守其初而不替也主尊奉之意也友猶友于兄弟之友也不如者謂其有乖違也過者謂其行之失軌度者也憚者畏其難之而為先縮也改者舍舊從新也言凡為弟子者之於其師當須敬重之如不敬重則其心自慢不威憚其教不威憚則其所學雖久遂不得純固成德物也而凡其師之於弟子則當須主立忠信之心如或見弟子之事不如己意者則當導之以其常而無作阿曲雷同以為相友是自持以不回者而乃信之事也如或見弟子之行有過失可尤則亦當直告其非而勿為柔縮軟緩

憚於告之是交人以義正者而乃忠之事也○論旨明孝弟忠信隨人各有其宜以爲主者弟子當孝弟而唯奉其敎師當忠信而爲之敎導也

○曾子曰愼終追遠民德歸厚矣愼者念其危而保戒也追猶追王太王王季之追謂追而舉行之也民德謂民心然此語下民衆庶所相共同有之中心皆固好之者而其中心誠喜悅歸從之故不曰民心而曰民德也蓋凡事之終者人之所易怠也而愼之如初不敢墮之末路信之至也凡物之遠者人之所易疎也而追之舉行不敢亡其先軌忠之至也言爲人上者於凡百事物其始終遠近能如斯則下民衆庶之心誠歸從乎其忠信之厚也○論旨欲明前章忠信敎子弟則子弟亦無不從而孝弟焉因承以忠信則可必得人者也

○子禽問於子貢曰夫子至於是邦也必聞其政求之與抑與之與子禽姓陳名亢子貢姓端木名賜皆孔子弟子蓋二人其從夫子之經歷

而親見之者故有此問答也抑者姑置其所言之義而要語他義之辭言邦國各有大小若強弱而夫子所至之處必聞其政所以其然者何以子貢曰夫子致之夫子求而得之與抑彼與之與

溫良恭儉讓以得之夫子之求之也其諸異乎人之求之與

溫者心常存文義而不亡也良者其材能遂其所當終至也恭者承當其位而不敢超出也儉者約於常度也讓者不敢專當也蓋心不違仁溫也志不棄成良也謙不踰古恭也守不侈度儉也行不爭人讓也諸之乎之合與沽諸病諸之諸同其諸間有略折異乎以下補添言夫子唯躬行溫良恭儉讓之諸德以自然得聞其政耳故設爲夫子自求之亦唯其以此類求之乎固異乎吾子輩所問求之者之意爲問與夫子儉讓以求之其旨大相反曰求之與之求也蓋子禽所言求者以世俗爲名利異故子貢審辨其非也○論旨蓋前章愼終則溫良也追遠則恭也儉讓亦恭德之屬故溫良恭儉讓卽愼終追遠也而夫子必聞其政則民德歸厚之明證不復容疑矣故以實之

○子曰父在觀其志父沒觀其行三年無改於父之道可謂孝矣上二句蓋古語言凡觀人之法父在則子有不可得自專者故不必問其行而唯專觀其爲人於其志是以其子亦於其行尚或可以得辭焉如夫父沒則其子不可復得口其父而慢其行直觀其爲人於其行故父沒者之於其行尤不可不愼也夫子因言古有是言則似父既沒其子即改其行以自任其志而可者然如三年居喪之間則其父猶在也是以於其父在日之道雖有如可改者無之改一以其父猶在者而誠合乎繼述之義故可謂孝矣○論旨恐前章夫子溫良恭儉讓之聖德學者遽視以爲高遠不可望因明其德不甚遠即三年無改之孝思溫也良也恭儉讓也斯五德者皆兼有焉雖夫子平生所用力亦不過此也

○有子曰禮之用和爲貴先王之道斯爲美小大由之有所不行知和而和不以禮節之亦不可行也禮者

聖人順於天命而所作之爲典則者是也和者從此
情意愜合之意也節者以義時有所斷裁之謂也言
聖人所作禮典用以行諸百事之際以情意愜合相
和爲其所貴於先王文武設教之道亦以斯旨爲善
美然小大皆同由之則譬如飲酒禮賓爲大衆賓爲
小當有專略之分而至亡專略之分故其事必有所
不行也設雖能知和之爲貴爲美而用和者不以禮
典所教之義節之則亦惑專略之分其事遂不可行
也○論旨無改於父之道即和之所在也三年而有
改者即節之所在也唯孝則易流於和故教以禮之
貴節者也

○有子曰信近於義言可復也恭近於禮遠耻辱也
因不失其親亦可宗也信謂其行立信也義者不從
物慾而身能處於其所宜止
之名此謂身之分宜也復謂履之如其所言也因因
其故也宗者爲物之所出而所尊依之義也言心立
信之初近於己之分宜而立信則其信有義故其人
所言皆終可得履而行也身行恭之時近於禮所教

之義而爲恭則其恭有節故遠於恥辱之事也凡百之事率因從其故舊之事而行之雖或改革之猶不失其父親之心則其事孝故其身亦遂可爲後世所宗尊也○論旨於信恭見其可節於因見其可和以復明和節不可交偏廢者也

○子曰君子食無求飽居無求安敏於事而愼於言就有道而正焉可謂好學也已

上二句古語言君子志唯在乎道是以飲食無暇求饜飽居處無暇求安逸夫子因明學君子之法蓋人敏於行事則身急忙於其事而自無求安居也愼於言語出其口者則亦節飲食之入其口者而自無求飽食也如此而加之事之疑似難辨者就有道君子而是正焉則實躬行詩禮之文者而進德之法無復尚焉故曰可謂好學也已○論旨前章信恭得其宜及因其故者皆所可資於學問故以此承之而此章又實爲一篇總要蓋不求飽食安居則諸孝弟忠信之行愼終追遠之義和節之宜皆可出此而望矣苟求飽食安居則其所學之道亦皆一廢乎

此矣是故學之好與不好唯是言可
以勸其實焉矣學者須反覆思之

○子貢曰貧而無諂富而無驕何如 貧不可無之財物不足也諂者
屈身卑辭以取憐也富不必用之財物有優也驕者
氣習過高大有所負也子貢意苟無諂無驕則自無
求飽求安之私而與君子
之行不遠因舉以問之也 子曰可也未若貧而樂道
富而好禮者也 道字從皇疏本言其無諂無驕之事行之而可也然徒欲無諂而無諂欲
無驕而無驕勉強事之則外行雖善內主未定故其
或失陷尚難以保若夫貧而樂從道富而好行禮則
行義有主文章有本故其無諂無驕亦不事而自
能之矣故曰未若蓋以教內主之當為先務也 子
貢曰詩云如切如瑳如琢如磨其斯之謂與 切謂粗刊也瑳
謂細刊也琢謂粗琢也磨謂細磨也蓋皆以攻玉之
法喻成君子之德也子貢乃悟夫子所教詩鄘風載
馳篇所云控于大邦誰因誰極之旨而言苟無內主
則外行亦不可立也因又意其詩後篇淇奧所云如

切如磋如琢如磨而學當逐次漸成其資漸修其文則內主既立外行亦自善矣誠不可不如夫子所教故復問之曰其斯之謂與也

子曰賜也始可與言詩已矣告諸往而知來者

告諸以下七字補添蓋夫子所告者適合奧章之旨此知來也夫詩凡三百篇自初至終章章相承意義相貫者是以自非其人有推往知來之材則不可與語詩唯子貢則能之故夫子許其可與語詩也○論旨子貢卽去求飽求安之必能就有道而正焉者故以承之

○子曰不患人之不己知患不知人也

患憂慮也蓋人之不己有德之知則於其德固無損害故不可患也不知人之有德則我有不能進德之損故不可不患也○論旨蓋己所既知者卽往也所未知者卽來也學固當貴日新故承以知人而進德者也而以上三章又與篇首所言之旨相照接乃篇首之學者敏事愼言就有道而正是也時習者子貢知來是也樂朋來者切磋

琢磨是也人不知而不慍者不患人之不己知是也彼提其綱此振其目學者須反復審詳以貫斯義矣

爲政第二 凡二十四章

○子曰爲政以德譬如北辰居其所而衆星共之

政者令其臣民衆庶各得其所宜止焉之名也德者承天之明命而有諸其身者之名也而身恒行之因以成孝弟忠信諸物者即亦曰德也北辰北極天之樞也共供其用之意也言爲上者之於其爲政無他唯其身常行其中心所知之德物不愆以臨其臣民則臣民亦自化之各奉其德作其用譬如北辰恒居其所惟務其義未嘗動移命令而衆星各供其用不失其所旋轉歸沒之義也按本文不曰以仁而曰以德者蓋以德則其跡亦必成仁政故也○論旨明前章人之不己知者此已猶有所未知也苟己誠以德則人必莫不知焉而又與前篇道千乘之國及夫子温良恭儉讓及曾子愼終追遠之旨皆相照應以作此篇首也

○子曰詩三百一言以蔽之曰思無邪 思無邪魯頌駉篇之辭蓋

詩三百者聖人撰天下衆庶言志之所皆同願者以設之教也而其所教之要令人思求天命無邪隱而已故學者恒體斯思天命無邪隱之心以求詩意則三百之所教皆莫不可得者焉以求諸人情則天下衆庶之心亦皆靡不可同者焉故夫子言詩大約三百篇其旨唯思無邪之一言以蔽定之詩人即自言之也○論旨明天下衆庶之所爲其志者而以見天下可一以德化也

○子曰道之以政齊之以刑民免而無耻 言教導民專以政令

齊正其不從所導者以五刑而戮之則雖其民幸免者猶無耻心不爲懲改也此上之所作一以其外體故民亦以此應之耳

道之以德齊之以禮有耻且格 言教導民專以道德

齊正其不從所導者以禮法而責之則其民有耻心且善心爲之感格也此上之所作一以其中實故民亦以此應之耳○論旨即復明民志本無邪故以德禮則化以政刑則不化也

○子曰吾十有五而志于學于者居之而不出於其他之辭此學先屬於詩以言也蓋夫子前今固業詩者而今始得其心之所之專一于學不復爲事物聞見所動移攪擾常如詩篇所言之次序也三十而立立卽立于禮也夫子前既學詩得所當志而未得其當施用之方今又學禮始得於凡倫類交際明知之其分宜乃可以施行也四十而不惑夫子所業詩禮之文皆經時習日漸既熟內外堅定於是又始得其於處事物之疑似難辨者一一皆執詩禮之義以不惑也五十而知天命天者出於人意之表而人不得不從之者也命者我之所承而其事不得不如彼意之義也蓋天命者之行乎人心其隱顯不一故邪亦似正正亦似邪其常違知是其爲天命甚難也而夫子執詩禮之義不惑者亦日漸既熟今又始得常明知其是天命者也六十而耳順耳聞之也夫子前既明知天命然其聽受大之所命初甚艱而知之今其聞順易不復須多費力也七十而從心所欲不踰矩矩成方之器夫子耳順既熟今不必聞命

或時直從心所欲然亦不踰出中正之矩是其聖德即與命一也○論旨承前章言德禮化人因以見詩禮化人之大效即如此也

○孟懿子問孝子曰無違　孟懿子魯大夫仲孫氏名何忌違與德音莫違之違同此言無違禮則孝也蓋國家典禮唯其卿大夫最爲不可不行焉而以懿子爲魯世卿雖其父祖之道亦當以盡循禮文爲本志故無違禮則夫繼人之志者自在其中矣故曰無違也而其言極簡者蓋欲懿子深思而得此義也

樊遲御子告之曰孟孫問孝於我我對曰無違　樊遲孔子弟子名須御御孔子車也孟孫即懿子也夫子以懿子不復問故恐未達其旨因欲令樊遲傳聞其所蘊也故發之

樊遲曰何謂也子曰生事之以禮死葬之以禮祭之以禮　此即言當盡循禮文也蓋懿子父母既沒者故其言及葬祭耳

○論旨前章夫子成聖德之本先在志于學而學之本又實在孝于親故承以言孝諸章

〇孟武伯問孝子曰父母唯其疾之憂武伯懿子之子名彘疾惡也憂與無憂者其唯文王乎之憂同不如所欲之謂也言凡爲父母者之於其子無他唯其繼述之欲故父母之所憂於其子亦無他唯其厭惡於繼述之事之憂也〇論旨即反以不孝者明爲孝之方也

〇子游問孝子曰今之孝者是謂能養至於犬馬皆能有養不敬何以別乎子游孔子弟子姓言名偃養謂用飲食逹其生也敬解見前此謂用心欲不違父母之意也言今人之所稱曰孝者是謂徒能養其口腹然如養則其一家自父母至於犬馬皆能同養之故不加以其敬則不足別以孝稱也蓋敬養則有繼述之義故極言養之容易以明敬之可貴也〇論旨復申述能敬而繼述之爲孝也

〇子夏問孝子曰色難有事弟子服其勞有酒食先生饌曾是以爲孝乎色難者謂意難其事而見之顔色也與史記佞幸傳嘗難而色

難之色難同勞謂勞役之事也先生稱老者及師長也饌謂尊而供之也曾者語其所相意迴別之辭此章以色難二字爲綱領其旨直與曾是句接有事以下二句蓋以父子與師弟同其義故舉弟子事師之行以喩也言色難者是其無意於繼述而爲不孝者既明矣然設有服其勞及饌酒食之行則徒視之猶定以此人爲孝乎其遠於爲孝太甚也○論旨示其似有敬而非者以明敬之必不可不出於其中誠也

○子曰吾與回言終日不違如愚退而省其私亦足以發回也不愚

回孔子弟子姓顔字子淵言吾平生與回言雖終日之久而不違戾吾言自他人觀之如愚夫然然回退而於自省念其獨私之時則其材實足以發明吾言而有餘矣回之不違本不以愚然也此暗喩顔子默識會悟大不似他人好言辨者○論旨明弟子之事師亦猶子事親非能敬而不違則其受益不可以望也

○子曰視其所以觀其所由察其所安人焉廋哉人

焉廋哉以由安下皆各有略折視專以外言觀兼內
外言察專以內言焉排置上三句居其所而
言之也廋不欲人知而匿之意也言視其所以之事
則其心之所向可以粗知也觀其所由之道則其志
之所歸可以漸知也察其所安之心則其人物何如
可以詳知也凡知人以斯三者則其人縱欲掩匿不
可得也○論旨前章夫子善知
顏子因轉及此知人之法也

○子曰溫故而知新可以爲師矣故與荀子所云詩
書故而不切之故
同言溫存詩書禮樂之文義因其故而以能知新事
之可否得失則可以得爲教導人之師也○論旨前
章視觀察之所可取其規矩者卽故
也且知人卽又教導之資故承以此

○子曰君子不器凡物有其形分而以當任載其事
者謂之器易繫辭傳曰形而上謂
之道形而下謂之器此器字亦暗與道反對以言也
言君子之於其學文唯欲以爲己行道之資不欲徒
以成供人玩弄之器也○論旨前章溫故雖大可貴
然但溫故而無知新則成器而已因以明溫故知新

之不可
兩少也

○子貢問君子　問得爲君子之道也　子曰先行其言而後從之
子貢爲人長於言辭故夫子戒之言子貢汝當先要行其身平生所言之爲善者得能行之而後知君子之德者從事之亦不晩也○論旨前章明君子之所以爲志而此章則又明學君子之法唯要躬行也而此乃又夫子善知人而爲之師也

○子曰君子周而不比小人比而不周　周者始終能至如一之謂也比者追其後而欲並之謂也此章卽語君子與小人其言行相反異之狀者而君子常與道純故其言行自然周而不同於比小人常與道離故其言行有不得已比而不同於周也○論旨凡長於言語者自短於行故有前章先行其言之訓此章因明言行欲相周之旨也

○子曰學而不思則罔思而不學則殆　蓋學則知古事可徵證然

不思則不得施用之宜故有蔽罔人之弊思則知今得施用之宜然不學則事無所取徵故有其心自危殆之弊是乃所以貴温故知新也○論旨以類明學思亦必欲相周也

○子曰攻乎異端斯害也已　攻猶爭也言凡學者尚末究其本根之所在而徒相共攻言乎事物別異之端緒所見者斯類不止無益交害人情也○論旨即明學思不相周則有此無益之害也

○子曰由誨女知之乎知之爲知之不知爲不知是知也　由孔子弟子姓仲字子路此夫子爲子路特欲有所教故鄭重呼其名語以知之所以爲知而可行者言凡接人處事之際唯其心明於自知者即遇以其知不明於自知者即遇以不知如是則其所知者始爲知而得以行也○論旨前章攻乎異端者蓋率以不知爲知故也因以示其不攻乎異端之法

○子張學干祿　子張孔子弟子姓顓孫名師此子張學詩而業及旱麓篇之時也其詩云

瞻彼旱麓榛楛濟濟豈弟君子干祿豈弟者即是也不書學旱麓而書學干祿者夫子言中有祿字其義易通且詩人主意亦唯在言干祿而如旱麓則不過假其音近者活言榛楛濟濟以取之比喩故遂書曰干祿也干者冒進而求之之義也祿天祿也蓋人命初德于人而可得安及終身者猶安享廩米若故亦稱曰祿干祿者乃謂求受天所錫之德而從事之也

子曰多聞闕疑愼言其餘則寡尤多見闕殆愼行其餘則寡悔言寡尤行寡悔祿在其中矣

闕猶言去也尤者爲人所異指也悔者念往之妄爲也此卽夫子爲子張語學得干祿之方者而其所言之旨亦一本於詩蓋旱祿前篇棫樸云追琢其章金玉其相者乃聞見闕疑殆愼言行其餘之所由本也又緜云予曰有禦侮者乃言行寡尤悔之所由本也在中二字亦卽本於旱麓黃流在中也言平生聞見雖於事極多而臨其將言行之時擇之闕去其疑殆者待異日通今唯愼言行其餘之皦實者則寡自悔寡人尤苟能之則天人本一致故雖天所錫之祿自在其中而庶可以得祿

有之也○論旨闕疑闕殆即不知爲不知之謂愼言行其餘即知之爲知之之謂所以相接承焉

○哀公問曰何爲則民服孔子對曰舉直錯諸枉則民服舉枉錯諸直則民不服哀公魯君名蔣哀公所問言民服與民不服之事故曰則也凡稱孔子對曰者尊君而辟内稱也舉者舉而上之也錯者置而任之也直者無所枉於道也枉即直之反蓋民性本直故今舉直錯諸枉則使枉者能直民性亦因得所達是以民心服也舉枉者正與之反是以民不服也○論旨闕疑殆言行其餘則直且明民者君之所以爲天而能得民心則天祿亦可永保也

○季康子問使民敬忠以勸如之何子曰臨之以莊則敬孝慈則忠舉善而教不能則勸季康子魯大夫季孫子名肥勸者令彼有自進而爲之心也莊者内氣充實之餘致其外盛滿也慈者令難達者成立之德也善者順成

而莫所滯礙也季康子所問即使民敬忠以自勸之法也而夫子分疏其三者以言之其意欲以明其要領餘使自擇也蓋人篤行其正誠則內常無愧怍之情而外色自神旺焉臨民以此則民望之猶天而敬也爲上者身唯務孝於親慈於子而無貳則下亦傚之致誠而忠也凡民雖好懿德而不能自勸者一由爲上者不用意薦繼以辨之良慝苟舉其善行者令之教誨不能者則民皆日趨善而勸也○論旨申述前章舉直則民服之旨而爲上者之所其宜務較加親切矣

○或謂孔子曰子奚不爲政　凡稱或者率皆妄意作不當之言而其事不足揭其名者略之曰或也或人蓋詰夫子不別講政事之學而從事之上也　子曰書云孝乎惟孝友于兄弟施於有政是亦爲政奚其爲爲政　書今世所傳古文尚書君陳篇載此語文有小異古文無孝乎二字施於作克施蓋古文尚書者率多僞撰不足信且假如其語亦夫子唯取其語意不必拘其文者而其語勢固甚渾圓故記者存而傳之亦不可知

耳孝乎者蓋歡勉爲孝之辭友者自我勉同於其志之義也于於二字須看眼有政之有字猶有官有禮有典有昊之有直就其物所在以稱之也言書訓之云人之所宜勤行者其唯孝乎唯當一心能孝一心能孝則自友于兄弟遂以施及於世之有政由是言之爲孝亦直爲政也而汝有何意思其爲別有可爲政者乎蓋政事本於德德本於孝故爲政莫大乎孝焉是以夫子云爾○論旨專承前章孝慈則忠卽以明孝爲爲政之大者也

○子曰人而無信不知其可也大車無輗小車無軏其何以行之哉 輗大車轅端橫木以駕牛者軏亦小車轅端曲木以駕牛者大車小車暗喩君子小人言凡人之所可以人稱者而無人我相其依賴之信則不知其可行者也何則夫大車小車亦皆待輗軏相輔而所以行者設人而無信猶其無輗軏皆其不可行明矣○論旨明孝所以爲政者以其有信故也

〇子張問十世可知也　此蓋子張舉問古人所自許云十世可知之語故不書問曰而但書問也世王者易世之世也可知謂今猶視諸斯也　子曰殷因於夏禮所損益可知也周因於殷禮所損益可知也其或繼周者雖百世可知也　損益謂損其可損者益其可益者也言殷之制禮本一因於夏禮唯所損益者其善有加焉已故殷人徵夏以謂斯禮終不可違易雖十世可知也周之制禮本又一因於殷禮唯所損益者其善有加焉已故周人徵殷益以謂斯禮終不可違易雖十世可知也其制禮如是慎重盡其善無復尚焉故吾亦以謂或繼周而興者其不可違易不唯十世雖百世可知也〇論旨明前章信者可因禮而行焉禮卽百世不易之典也

〇子曰非其鬼而祭之諂也見義不爲無勇也　此夫子擬三代制禮者之意以言也蓋夏人尚鬼殷人尚質周人尚文尚鬼則其弊必有非其鬼而祭之事殷人而

襲之則徒諂於鬼也故殷人損之而不敢爲因專尚質實不浮也尚質則其弊必有見義不爲之事周人而襲之則固陋無勇也故周人又損之而不敢爲因專尚文明知物也凡三代之所損益者率皆斯類可推而知耳○論旨教禮本無諂媚之私心見義而遷由是以制者故信之因禮亦當體知斯心而行也

八佾第三　凡二十六章

○孔子謂季氏八佾舞於庭稱姓曰孔子者以對季夫季孫氏也不斥其人而以氏稱者明其事所世襲而非始於今季孫也八佾八八六十四人成行列以舞也禮天子八諸侯六大夫四士二季氏即大夫而世僭之也於庭者謂其無所隱忌而爲之於家廟庭衆所同觀之地也以上下字記者之語是可忍也孰不可忍也忍堪忍也夫子因言彼季氏世襲爲之之心固當明知其非然特爲始其僭禮者謂止之則不可忍爲之猶可忍而能也然其止之則爲不可忍之心將爲誰人意之也雖彼始僭禮者其所尊者享僭禮人是也而享僭禮人亦

固陪臣則其心不可忍享之殊太甚耳季孫豈不之思乎其敬大臣而諷之語意親切詳明千載之下如聽影響學者宜思而得之焉○論旨明季氏而用八佾舞即非其鬼而祭之諂也自知其非而爲世觀因循不改即見義不爲無勇也且凡雖世襲亦宜改之事是類而夫所可損益者之方也

○三家者以雍徹三家魯大夫孟孫叔孫季孫之家也欲見其家實有此事故書曰者也雍周頌篇名徹祭畢而收其俎也歌雍蓋天子之禮而三家皆僭用之也子曰相維辟公天子穆穆奚取於三家之堂相相禮也辟公王之大臣之尊稱也穆穆謂天子之容以其氣志深奧而外貌致靜穩之意也奚者我意不可通其義因以問彼意所在之辭此即夫子引其詩直言彼詩所云明是有相禮衆辟公因以益致成天子穆穆之美德之義而其辭不難通者然而三家有何意思以取用之於其堂可行禮之地不可解也○論旨此章與前章意相類而彼則辭婉此則辭直皆可以爲微言之法者故示之耳

○子曰人而不仁如禮何人而不仁如樂何仁謂勉强於日用彝倫相輔相安之道也言人仁也人性當仁而自悖不仁者此雖禮之樂之善化人者亦不過輔仁之具故無奈之何也○論旨與上二章反映以見如季氏則雖用禮樂亦無益焉禮樂必待其人而行矣

○林放問禮之本林放魯人蓋禮制於先王者大經而已唯用其禮之義以能施之行事者君子貴之也林放乃問用禮之際其可以爲本志者也子曰大哉問蓋禮之爲物至重而知本則其末可舉故夫子嘉而大之也禮與其奢也寧儉喪與其易也寧戚奢者過耀人以張大也儉與之反易者其事能至不失如常也戚與之反言凡用諸禮得如禮則固可也然能之甚難矣故今其用心與其後日有奢名寧有儉名何則禮之所起本不過文其儉故欲儉則尚不失禮也奢固非禮之事奢又易僭故奢必大失禮也下句居喪戚之爲本其義易知故舉一事以類喩之也○論旨不仁者之於禮樂必奢奢即僭禮之所生也故以儉戒之示其本焉

○子曰夷狄之有君不如諸夏之亡也　東方曰夷西方曰狄諸夏謂禹畛中土之諸邦也有亡二字互文言夷狄反謂中國有其君而不敢僭亂不至如諸夏自蔑亡其君之甚也○論旨見當時奢侈僭越不啻魯國因戒失禮之弊一至於斯也

○季氏旅於泰山　旅祭帝之名而以泰山之神配之也泰山五嶽之宗在魯地季氏復僭天子之禮將旅祭於泰山之時也　子謂冉有曰女弗能救與　冉有孔子弟子名求時爲季氏宰夫子因言汝當知其非然其實則季氏剛愎而汝力弗能救止之與故不曰不能而曰弗能也又不曰諫而曰救者蓋季氏世行此僭禮非今始有此事故也　對曰不能　言其事遠非所及故曰不能也　子曰嗚呼曾謂泰山不如林放乎　嗚呼顧念前昔相繼爲非而歎之也曾解見前林放即問禮之本者而冉有亦所親知故權言之也言季氏世皆大誤謂泰山之神其究禮意不可及林放輩而雖非禮一欲之享者乎此亦深歎其易知之事而不改也○論旨

復見季氏之僭出乎其奢而以明儉之不可不愈貴也

○子曰君子無所爭必也射乎揖讓而升下而飲其爭也君子 射射禮也升升堂也下下射也射有上下射上射以大夫若尊者下射以士其射時上射常先於下射唯射畢後升飲之時不復以上下射作先後勝者先升不勝者從之故賤者或先於貴者然賤者之先於貴者情不能安故必讓之貴者而貴者亦以禮之所不可故必升下射於是互相揖讓乃爭於讓者也言君子常貴禮讓無所爭然必要之爭則其唯於射禮揖讓而升下射而飲之上言之乎然其爭則亦唯爭禮讓君子之事而大異乎小人之所爭也○論旨僭者之本爭故承之以明讓之不可不貴也

○子夏問曰巧笑倩兮美目盼兮 此二句就人所見之前後而言之 素以爲絢兮 此一句即詩人敎其爲學之本末也 何謂也 詩上二句見衛風碩人篇

盖夫子之刪正未定之前尚有下一句也倩者能會適人意也盼者睟子明徹也素者作受采之資也絢者采色粲然也兮者令人語有所嗟之辭也詩意言凡美人之容色者初好其巧笑而後又及其美目矣故吾當先治其素以謀為之絢采也盖巧笑比絢美目比素是以其語次顛似不相接者故子夏疑而問之也

子曰繪事後素

夫子因為明其本末言其義猶繪畫之事後於作素之功也盖復巧笑比繪美目比素也

曰禮後乎

子夏因悟忠信亦猶素禮文亦猶繪當先力治其本而後言禮也乃復質問之

子曰起予者商也始可與言詩已矣

言此義吾未思到者而今因子夏之言始令予發悟之且有取此義之材可與言詩也○論旨純明禮必有忠信之質可由儉讓而行矣不則徒禮皆無益也

○子曰夏禮吾能言之杞不足徵也殷禮吾能言之宋不足徵也文獻不足故也足則吾能徵之矣

杞夏之後

宋殷之後皆周封爲諸侯而各行其先代禮樂徵徵證也文者含義以著乎其象之義也獻與憲通詩獻獻令德中庸作憲憲令德憲者其物可以爲法則者也文憲謂禮文之憲也此夫子深惜文憲不足而歎之者而言夏殷之禮因文憲之存者吾能推言之然今杞宋所存之禮不足遐引以取之徵證是以不敢言也杞宋雖或有一二可徵者欲見其禮文之憲則亦復不足故遂不言也如有其禮文之憲足取之徵則吾能徵以言之矣然而亡之豈不惜乎○論吉明夫子言古禮亦必大有所徵證與世之徒禮寡實者不翅氷炭也

○子曰禘自既灌而往者吾不欲觀之矣

禘王者以始祖配上帝而祭之之名也成王以周公有勲勞於天下特賜之以重祭且周公宗子宜配文王故魯唯得禘祭於周公之廟也灌與祼同謂以圭瓚酌鬯始獻尸也祭統云君執圭瓚祼大宗執璋瓚亞祼曰既灌云云者卽指謂前此之往行至於此也祭統又繼之言八佾大武等之事乃知八佾大武等唯當用之於周公之

廟者而當時僭用之於其群公之廟於是季氏及三家亦推其祖所出之父至僭用之於其自家廟其誤實胚胎乎此矣故夫子微言之曰不欲觀也○論吉明夫子於當時禮亦不足徵者則不取也

○或問禘之說即問禘之所以為禘之義也子曰不知也知其說者之於天下也其如示諸斯乎指其掌示與視同不知者蓋禘之說者禮之至重而大者且今魯禮不足徵故忌憚之不敢言也下因亦遂微言之蓋夫禘者所以祀祖先事上帝而孝順之道寓乎斯矣故苟知其說者之於天下亦唯一以斯孝順之道治之則天下國家因靡以不平治焉其可徵證之直如視諸夫子之掌上故夫子爲自指其掌也○論吉明夫子聖知獨足徵禘說也

○祭如在祭神如神在此古語而記者即與下夫子之言相反覩作之地也祭謂祭祖父母也祭神謂祭山川之神之屬也如在者謂其心直以其在也如神在者亦同子曰吾

不與祭如不祭凡祭有侍祭與祭之別侍祭者陪祀之類是也與祭即其身當祭之神而祭是也禮七世而親盡盡則其神當不與祭而宗室之祭衆族會祀一堂則必或有不與祭之神而相接之事故夫子言吾若不與祭而侍祭則其心自以不祭也蓋不敢瀆神且以別於與祭者也○論旨此前十一章大抵以魯公室及三桓祭祀之僭禮與夫子儉讓之義相反映以明禮失其本矣此章因又明夫子祭祀之所爲本旨者也蓋魯人之禘是不如在者季氏之族是不如神在者而夫子之語即以推轉其義焉耳

○王孫賈問曰與其媚於奧寧媚於竈何謂也王孫賈衛大夫此即舉古語而質問其義者與前子夏問詩正同一例也媚者我有所求故務從彼所好之謂也奧者比較而取其賢之辭也奧室神也竈竈神也蓋奧神尊故禱祀之則似當易得福者竈神賤故禱祀之則似當難得福者然而古人勸其媚於當難得福者之竈神何也凡禱祀之事苟有媚心則禱祀皆無益

故古人權論其人語與其媚於奧神之尊者而作難爲之禱寧不如媚於竈神之賤者而作易爲之禱何則是皆遂無益之事故作其易爲則尚彼善於此也

子曰不然獲罪於天無所禱也

不然以下六字一氣讀然猶云如此也盖媚則內自欺而瀆神瀆神則必獲罪於天故夫子釋之曰凡不以獲罪於天爲懼如此者則幸一切無所禱祀也○論旨明祭祀之要皆歸於天且夫子不與祭則如不祭之義也

○子曰周監於二代郁郁乎文哉吾從周

監視彼準此也二代夏殷也郁謂其文理互相含映也言周之制禮本監拔二代之善者而取之加又以義之善者是以其文郁郁乎至矣若有人問三代之禮何從則吾曰從周也○論旨見從周禮之文而始得不獲罪於天因以明祭之爲至重也

○子入大廟每事問

大廟周公廟此即孔子入大廟助禘祭之時以其禮至重故未

敢以其所素諳而忽之每遇一事施舍必先審問或之掌禮者然後從其事所以愼重且不失恭敬也

曰孰謂鄹人之子知禮乎入大廟每事問 鄹魯邑名孔子父叔梁紇嘗爲其邑大夫因輕夫子而曰鄹人之子也子或人固是作妄語者卽以其每事問而譏之也

聞之曰是禮也 此夫子非答或人唯恐門人或有誤認之者故特爲門人告之也言是大廟之大禮故其助祭者宜如吾然也○論旨明祭固原乎天故最不可不以恭敬爲主也

○子曰射不主皮爲力不同科古之道也 蓋禮射則不主貫革貫革之射則主貫革所以然者禮射則唯用力於其行禮貫革之射則但用力於其貫革是以其用力之所尚不可同科格而語也且蓋禮射者質明而始行事日幾中而後禮成酒淸人渴而不敢飲也肉乾人饑而不敢食也日暮人倦齊莊正齊而不敢解惰以成禮節故非强有力者不能行也且天下無事則用之於禮義天下有事則用之於戰勝故禮射必擇士之堪於助祭者而用之唯可堪於助祭者而後可以

統衆士爲之將率之任是以君子亦貴其力也是故射不主皮之義其意所寓者蓋甚深矣故夫子又言古之道以欲人之思察之也○論旨前章見夫子雖知禮而一出之恭敬也此章因復見夫子雖平生所用力專在乎此恭敬及儉讓與今人所擬思者不相同也

○子貢欲去告朔之餼羊禮諸侯受十二月朔政于天子藏于太祖廟每月朔朝廟使大夫南面奉天子命君北面而受之此時使有司以特羊先告廟而行之餼生牲殺而未煮也魯自文公不視朔而來久廢此禮而有司猶供此羊子貢言欲去之以欲見夫子意之所在者也子曰賜也爾愛其羊我愛其禮蓋告朔之禮天子所以令諸侯月新其尊奉周室之心者也而魯久廢此禮是以僭亂日長故告朔之禮舉則周可復尊而魯可復安矣羊之妄費非不可愛惜然其禮之永廢殊可愛惜也○論旨要見夫子所望乎禮之要旨亦不過致恭敬之實也

○子曰事君盡禮人以爲諂也盡禮謂每不毫節略必如禮制而事之也

言人臣事君固當以其禮然必欲盡之則亦過於中矣是以人謂其人無用之恭敬徒作諂媚者也蓋禮之用和爲貴而禮文之所設者特見其大節之所在而已是故苟無所踰其節則不必盡之可也○論旨見夫子於禮唯要其大節如末節則無必所事之也

○定公問君使臣臣事君如之何　定公魯君名宋即問其要旨所在也

孔子對曰君使臣以禮臣事君以忠　蓋君者所爲民使役其臣以命其事之所定作者也故以禮則其事無大小巨細物皆得其當而能自順行焉故曰君使臣以禮也臣者所以爲君代任其事以致之極者也故以忠則其事亦無大小巨細皆得能勝其任而物致遂成焉故曰臣事君以忠也雖然君亦固不可無忠臣亦固不可無禮唯其旨所在當事以禮當事以忠故夫子以是答之也○論旨即因前章明君臣各安之大分義也

○子曰關雎樂而不淫哀而不傷　關雎詩之首篇淫者樂失其度也傷

者哀過其節也此夫子贊關雎之聲善得中和之正者然求之人其旨於其詩則亦可復得焉耳蓋關雎求命於內而得之則固君子所好逑故樂其得之然其所得者卽每盡命而靡不至善者焉是以異乎夫尋常耽而淫者矣故曰樂而不淫也關雎求其命常在窈窕境故哀其難得然求之不得亦尚寤寐思服遂至於琴瑟友之鐘鼓樂之是以亦異乎夫尋常痛而傷者矣故曰哀而不傷也其義如斯故其聲亦自然者也○論旨明夫子樂世道而不爲之淫溺哀時俗而亦不至於自傷一以禮處世無所不安也

○哀公問社於宰我宰我孔子弟子名予哀公卽問所立社之說也宰我對曰夏后氏以松殷人以柏周人以栗曰使民戰栗社蓋人君所主古凡立社各樹其土所宜木以爲名松曰松社柏曰柏社栗曰栗社有其名而其義亦各在其中矣松容也民雖不善無所不容之義柏迫也君苟不善則下迫於上之義栗卽戰栗也君正而使民畏威之義曰者命其名者之說曰也宰我特以其用栗之義者其微意欲使哀公立威以收其在下之權也

子聞之曰成事不說遂事不諫既往不咎 遂事猶云終事此蓋古語而其旨類言其追說追諫追咎之無益以諭其不可也而夫子引之者蓋魯公室之衰其來已久且非哀公所能為然而宰我卒爾言之則徒為說成事諫遂事咎既往矣其啓禍機亦不可知也故夫子歷言此以斥宰我耳○論旨明夫子哀而不傷故其於時政不可者能慎閉不言如宰我則徒傷故過激大誤也

○子曰管仲之器小哉 管仲齊大夫名夷吾相桓公霸諸侯者蓋管仲而有大志一以禮則其為功之大不止於此而管仲不能為身謀者多故夫子適言其器小以歎惜之也

或曰管仲儉乎 或人不能知夫子所言之旨而妄意管仲嘗於周受下卿之禮者是可以謂儉故問以其儉言器小乎也

曰管氏有三歸官事不攝焉得儉 三歸者管仲之家政分闔內外與采邑之事為三局各別其事之所歸故曰三歸也攝總眾兼持之意也言家臣當不能

具官而管氏則有三歸之具因以其官事不總攝焉得謂之曰儉哉然則管仲知禮乎

或人愈不能解器小之言尚疑管仲受下卿之事以其知禮夫子反曰器小乎故復問之曰邦君

樹塞門管氏亦樹塞門邦君爲兩君之好有反坫管氏亦有反坫管氏而知禮孰不知禮樹猶建也建牆當門以自蔽也

好謂好會也坫者壘土甓成室以庋食物者其蓋隨手反覆故曰反坫也此皆諸侯之事而管仲僭之故夫子舉以証其不知禮也按管仲三歸及塞門反坫之事皆足以觀其器小且欲學者由此而益知禮尚儉之義故記者以附焉又按三歸則一事而此則二事其僭禮較諸不儉愈太甚者故其語特致嚴重讀者須察○論旨見前章宰我是慢望作不可成之事若管仲是身可得成而自不成者如夫子則斷無有此事矣

○子語魯大師樂曰樂其可知也始作翕如也從之

純如也皦如也繹如也以成以欲相其益之意而告之故不曰謂而曰語也大師樂官長蓋夫子固精達於樂教而大師善治音奏者故夫子特語之言以樂之所以一成之條理推之則其亦可以知夫學詩而所以得成其德之義也何則凡樂所始作者鼓與管也唯管聲徐緩與鼓相應以引作餘琴瑟笙簫等聲於是其諸聲輳合而翕如也其所後作之聲漸從其所始作之聲者皆協合和順不雜亂越逸宛如出一音而純如也而其純如之間節奏曲度皆明明可分而皦如也而其皦如之間又其先後本末有物相銜奕奕如續而繹如也凡樂如是而後始以一成為者故推其義則猶學詩者始勉強從之漸而與其文義得成純如既而其文皦如乎其心其義繹如乎其思於是其德正成者而其可以知也○論旨乃復明夫子之動作一如樂節之緩急是所以無宰我之唐突及管仲之器小矣

○儀封人請見曰君子之至於斯也吾未嘗不得見也儀衛邊邑名封人掌封疆之官下士為之也言凡為君子人者之為遊歷而至於斯境也吾請見則

其人皆必許之而相共語未嘗不得見也其意自許已有見而足語者也從者見之即夫子之從者令封人得見也以上記者先明封人非庸常作辭者而欲以見其下出日之言亦非庸常者之所言故特詳記載其請見之辭及相見之事焉出曰二三子何患於喪乎天下之無道也久矣天將以夫子爲木鐸喪謂失位也木鐸金口木舌將有新令所振以告衆者也言從行夫子之二三子無庸患夫子之失其位何則天下之無道也久矣以夫子之有道失其位豈不亦可乎且以天下無道之久思之天將復以夫子爲木鐸而新改修禮樂徇之天下四方以爲有道之世者亦不可知故勿患而可也○論曰見夫子不唯身修禮樂之義其志亦欲以此正天下也

○子謂韶盡美矣又盡善也謂武盡美矣未盡善也韶舜樂武武王樂美者以其功言也善者以其德言也此夫子語韶樂與武樂有異而其實則同猶耳舜

紹堯致治而其功至大矣故人誠謂其功績盡美也而舜又自謂爲民既盡善德也夫子因議謂之見斯二者於其樂中矣武王伐紂救民而其功至大矣故人亦誠謂其功績盡美矣而武王猶自謂未爲民盡善德也夫子因亦議謂之見斯二者於其樂中矣蓋有德之善而有功之美非有功之美而有德之善故其所謂盡善未盡善者是唯作者之意而人皆同謂之盡美則其盡善亦一也○論旨卽承前章明夫子精達乎古樂故苟爲未鑵則必盡善盡美之極焉

○子曰居上不寬爲禮不敬臨喪不哀吾何以觀之哉

凡居上位者必寬容衆而當望能安家國矣執禮與者身必恭敬而當望能行其事矣臨喪事者心必悲哀而當望能盡其情矣然而今皆不者乃明矣其無之能也故夫子言其無所可以觀也○論旨統明韶樂武樂之美皆有斯寬敬哀等之本實而後然者也

里仁第四 凡二十六章

○子曰里仁爲美擇不處仁焉得知 仁勉强而德於人也知與智同

通用里居也言人之所置其身以居得行仁之地位爲美是以人多欲美而必擇之是似智也然不其躳勉强處行其所知之仁則其知猶不知故不得謂之智智必行之也○論旨惟仁則前章數事皆固可能故承以此而且仁之爲德非容易所能成故先教仁唯貴力行其所知也

○子曰不仁者不可以久處約不可以長處樂仁者安仁知者利仁

約謂身窮約也樂謂心悅樂也言今試論可得久處約長處樂之人不仁者則不可寄以此二者仁者智者則可寄以此二者何則不仁者但利己身且久約則必濫故不可以久處約不仁者又常縱己慾且長樂則必淫故不可以長處樂唯仁者與之反其行常以行仁爲己分以安仁故固能此二者智者頗與仁者相似其行常以行仁爲利便以利仁故亦能此二者也○論旨即因前章明仁者之所以爲心智者之所以爲心且其所處行之要則也

○子曰惟仁者能好人能惡人仁者克己愛憎好惡如道是以能好可好於道之人能惡可惡於道之人也此庸常甚難爲之事而獨仁者能之故曰惟也重在兩能字須着眼○論旨見仁者特勉其難者難者即克己也

○子曰苟志於仁矣無惡也言雖小人苟志於仁矣則其行雖未至於十分之美猶無爲仁者所厭惡也此其勸仁之語意誠凱切矣○論旨即不爲仁者所惡而所好之方也

○子曰富與貴是人之所欲也不以其道得之不處也貧與賤是人之所惡也不以其道得之不去也言欲富貴是人之常情而君子亦同矣唯君子者不以其可得之道得之則雖有得之不處是其爲異耳貧賤不去之義亦然君子去仁惡乎成名此去猶捨也此語君子不處不去之所以爲其心者而言君子意苟非其義而處富貴去貧賤則是捨仁也捨仁則徒辱君子之名而已無所可謂君子

也君子無終食之間違仁造次必於是顛沛必於是終食之間者謂飯中舍其事業而易惰之間也造次謂不期之事逐次來造而易苟之候也顛沛謂將顛覆沛然不可止而易遺之時也是字下並皆略仁字此言君子不唯取舍不去仁其事仁之無間如是也

○論旨即教仁無他唯當用力於平生常行而事之也

○子曰我未見好仁者惡不仁者好仁者無以尚之惡不仁者其爲仁矣不使不仁者加乎其身加猶言及也言人則不知我未見世人之好仁者及惡不仁者其好仁者之可尊無以尚之其惡不仁者其心欲己爲仁行矣因又欲不使不仁者之事波及乎其身是以惡不仁者故此人亦足以嘉之也有能一日用其力於仁矣乎我未見力不足者一日謂他日有事之一日也言據前言則仁似甚難爲者然仁本不甚難何則試看有欲能一日用力於仁者矣乎我未見其力不

足爲之者皆必力足爲之也蓋有之矣我未之見也言未見力不足者故世蓋又好仁及惡不仁者亦有之必矣但我獨未之見也○論旨即明仁之不難爲而以深勸勉學者

○子曰人之過也各於其黨觀過斯知仁矣黨以親熟者群聚之意言也言大抵人之過也不於公衆貴人用心之地各於其私黨親狎易忽之處故於此觀其人之過如何則斯知其人平常所操守之仁如何也○論旨即教仁之當用心正在乎此易忽之地位也

○子曰朝聞道夕死可矣夕與君子終日乾乾夕惕若之夕同言學者朝聞道則即時奮發力行之至於其夕或覺爲此心勞身極如死然猶可希得之也○論旨即又教仁當唯勉強乎道也

○子曰士志於道而恥惡衣惡食者未足與議也蓋士誠志於道則死且不顧又何暇恥衣食故士雖自曰志於道而恥惡衣惡食者是即無志於道之明證而

未足與議也○論旨明下行道不去名利之心則不可希望也又與前久處約相應學者須反覆玩味焉

○子曰君子之於天下也無適也無莫也義之與比適安適也安乎其物而自得之謂莫猶言必定也預定其事而爲無復易者之謂言君子之於天下之物若事也於物無適也於事無莫也何則其所行之準率唯常義之與比故無此二者也○論旨見前惡衣惡食之類不纖毫渉乎其意唯公然大義之與比此乃君子之仁也

○子曰君子懷德小人懷土君子懷刑小人懷惠君子常懷成所以安人之德也小人常懷居所以安己之土也君子又常懷能儀嚴政之典刑也小人又常懷幸遇寛政之恩惠也○論旨明懷德懷刑乃亦君子之仁也小人則與之反是以不仁也

○子曰放於利而行多怨放任其所欲而不忌憚之意也言唯見其可利於己之事曾不顧思省察而十分行之則利獨歸於己而人多受其害因遂多怨而必取禍也○論旨戒小人

懐土懐恵之弊必至於此因又見君子懐徳懐刑者抑亦防怨禍之道也

○子曰能以禮讓爲國乎何有不能以禮讓爲國如禮何　能字旨蒙下五字言爲上者身能行禮讓以此化爲國家則是誠有用禮典之效故曰何有也何有者言何議之有也不能之則此猶不用禮典故曰如禮何也如禮何者言禮棄物而無所爲用也○論旨蓋利者衆人之所爭而讓則無爭又不放於利故以反映焉

○子曰不患無位患所以立不患莫己知求爲可知也　言士不預患無可行之位當眼前患所以得立於其位如何又不預患莫己知者當眼前求爲可知之實徳也○論旨患無位及患莫己知者此欲利故也患所以立及求爲可知者此由尚禮讓故承以此

○子曰參乎吾道一以貫之曾子曰唯　乎者夫子推定曾子之所意而以語之故曾子對曰唯也唯者言果如其言也吾道者夫子事親事君及交友使人平常所行之諸

道也一字活字一字下略學問二字者以古今及事物之別異者爲一也貫者謂能習慣其義旨而得也之者即指道也言汝參當意吾平常所行之諸道者無他唯以古推今以此知彼不相別異一學問以習慣其義而得之者也

子出門人問曰何謂也曾子曰夫子之道忠恕而已矣

恕者準我情而體彼情之德也此上夫子之語簡而門人不能通曾子因解釋之言夫子之道要之不過一以忠恕之心也譬如所求乎子以事父所求乎臣以事君所求乎弟以事兄所求乎朋友先施之及溫故而知新之類皆是義也○論旨專明前章立位之事苟有其可立之德則其不立亦猶立而一也以教學者勉其本也

○子曰君子喩於義小人喩於利

喩者其所思求之事而轉深知之義也同是一事而君子學文資之故喩於利人之義小人固無學文之素故喩於利己之利然則其喩亦各出於其平常之學與不學其分豈不大乎○論旨明忠恕之效蓋君子忠恕故喩於義小人不忠恕故喩

於利
也

〇子曰見賢思齊焉見不賢而內自省也　賢即謂賢於己之行
也思齊二字本於詩大雅思齊焉字當於見賢之地
即思之不後之旨也而字見不賢則似可捨而不問
者然而猶宜然之旨也內字宜心內深省之旨也省
省撿也〇論旨賢即喻於義之人不賢即喻於利之
人且學者常有忠恕之心則能
見賢不賢因以益於己之法也

〇子曰事父母幾諫見志不從又敬不違勞而不怨
幾者兆之先見者也幾諫者謂先其未過見其幾而
諫也故幾諫者自不得不諷諫諷諫則不失和氣是
以貴幾諫也言事父母者須幾諫幾諫則父母易改
然若見其志不從吾諫復起舊來常敬父母之心今
又敬其不可之志而不違其命雖爲此大勞而不可
毫髮生怨心也〇論旨忠恕則常知父母之志是以
得幾諫而事父母者不見他人之不賢但
內自省者其義固當有別異故以相承焉

○子曰父母在不遠遊遊必有方上一句古語言當不越數邦而遊也夫子因之訓之言若不得已而遠遊則當必設其所憑依而有方使父母有事則得召之也○論旨明夫忠恕者所求乎子以事親是也故子能忠恕體此心則亦自不得不然焉耳

○子曰三年無改於父之道可謂孝矣此蓋記者有故而復出此語也○論旨此前二章言忠恕則能合孝道今又因發明此語言子能忠恕體父之心則子身即是父身也故其無改者非欲無改而無改唯子即父故自無意於改之而無改如是而可謂孝也故特省上二句而復出此其旨深矣學者須知此義

○子曰父母之年不可不知也一則以喜一則以懼言人莫不舊識父母之年幾歲者雖然父母之年不可不日新知也何者蓋人壯強不可得常故子之於親一半則猶雖喜其未老一半則必有懼其既老也然則爲人子者常省於父母之年如何而其所宜事

以何者亦不可不由此而知矣○論旨忠恕則
亦復能知父母之年而知其所事故并編次焉

○子曰古者言之不出恥躬之不逮也 言者心有所思而宣之於
其口之謂故心唯有所思而口未發亦謂之言也逮
者後者追及前者也言古人有德者相戒言之不出
其意非不欲言唯教當深恥躬行之不逮其言而有
相離違者也○論旨非貴徒知父母之年唯貴其躬
行之逮之故
以此承焉

○子曰以約失之者鮮矣 約守約也言凡百之事大抵以守約心縮之行而處
之則爲人見謂失其事者希少也○論旨
明言之不出者則必以約而無過失也

○子曰君子欲訥於言而敏於行 訥者內止之心而不敢出焉也君子
欲訥於言本爲其欲敏於行故插而字以敏行爲主
也○論旨卽明以約者訥於言而敏於行之旨也

○子曰德不孤必有鄰 德卽猶爲政以德之德蓋德者天下衆庶所同願有此者

故苟行成諸己則必有近爲其鄰見知而感起焉者也○論旨爲前章訥言恐學者或疑訥言則難爲人見知故以補此義明訥言不害爲德也

○子游曰事君數斯辱矣朋友數斯疏矣數者謂其人多言不自省而其言數變易於一事上也言若斯者事君則因彼其罪而辱焉與朋友交則因生怨隙而疏焉○論旨即明多言之有害以括前數章蓋愼言者行之始學者最所可先務茲知夫忠恕一貫之學者亦固不在於言而唯在乎行之且此編皆以行仁爲主此以愼言爲主頭尾相應以示言行之學者須反復詳玩焉

論語講義卷之一終

論語講義卷之二

日本 越前 田中頤大壯 著

公冶長第五 凡二十七章

○子謂公冶長可妻也雖在縲絏之中非其罪也以其子妻之

公冶長孔子弟子可妻也三字揷蓋託者之辭而其旨併涉下南容公冶長及南容二人者其德量有餘裕皆足以御家人而可憑依矣故謂可妻也縲與係累子弟之累同絏繫也縲絏者謂長索連縛同罪人也蓋公冶長爲人長厚訥言嘗連坐在縲絏之中而恐其多累人不敢白其冤者故夫子斷之曰非其罪也夫在縲絏之中者固人之所不屑而以其子妻之者誠嘉而實之也

子謂南容邦有道不廢邦無道免於刑戮以其兄之子妻之

南容孔子弟子居南宮名縚又名适字子容謚敬叔孟懿子之兄也蓋南容爲人深愼於言嘗三復

白圭者故夫子言邦有道則其德不孤而雖不至於顯用必可被監拔不廢也邦無道則或在縲紲之中然亦免於刑戮之甚也以其兄之子妻之者乃亦益嘉而實之也○論旨夫子知公冶長非其罪此即德不孤也公冶長不自白其寃此即訥於言也南容亦略同其德故相承以作之篇首耳

○子謂子賤君子哉若人魯無君子者斯焉取斯子賤孔子弟子姓宓名不齊嘗治單父尚德任賢不事繁作煩言而大治矣若字即指言之也魯無君子者五字當時他國傳稱是語者而其意譏魯雖以禮義之邦聞徒有君子之名無君子之實不能如齊桓晉文之立功也夫子因言有德有功若子賤者則實他邦所望之君子人也然而他邦尚稱魯無有君子之功德者斯語奈何可得取於斯子賤之前也○論旨以子賤明上二人亦皆君子而諸簡言尚德之人於其有爲則大異乎小人言辨者流矣

○子貢問曰賜也何如此會品騭人物之次子貢亦自問及也子曰女

器也子貢材識有餘而不善用之但多資之於其言辨而已故曰器也曰何器也曰瑚璉也瑚璉皆宗廟盛黍稷之器而飾以玉乃以喩子貢之材識善用之於其所自守則可以成君子之美德也○論旨即明上三子之所用其才者善而子貢則不能之也

○或曰雍也仁而不佞雍孔子弟子姓冉字仲弓佞者口才巧令人意安於己也或人固不識仁之義妄爲仁恕仁弱之義而謂仲弓爲仁而不佞其意頗嘉其仁而大憾其不佞也故下夫子之言曰不知其仁而外之但明其尚佞之大不可也子曰焉用佞禦人以口給屢憎於人不知其仁焉用佞禦謂拒其責也口給謂以口辨補給己之過失也屢者其言頻數而變也言凡佞者之所尚在乎以口給禦人然本是一時之詐辨作之是以其言必致變易遂徒爲其人見憎而已其他則佞無所用也蓋深正或人之失言故再曰焉用佞也○論旨或人之所言即譏魯無君子者之類而雖子貢心猶喜口佞是以不免爲瑚璉因以明一切言辨不足尚也

○子使漆雕開仕。漆彫開孔子弟子字子若夫子謂開之所學文德已足可用故許之仕也對曰吾斯之未能信。開直承夫子之意指其己所學曰斯也言吾顧思其所學之事未能盡信行之而無差誤是以未欲仕也子說。即悅其優於學也○論旨開亦與仲弓及上德行諸子同等人因以編列示皆夫子之所悅也

○子曰道不行乘桴浮於海從我者其由與。桴小筏也於海一作于海非此夫子假設一時憤世之語而以試子路也子路聞之喜。子路誤以爲夫子與己故喜也子曰由也好勇過我無所取材。材與裁同言由也平生好勇是以今復果過我所言而聞之無所取其本旨裁其浮詞也○論旨漆彫開言未能信是其務不頼己材質而以勤之者而此章以下諸子率徒因其材所長而以爲行者也上抑子貢辨今又抑子路勇皆明德之不在茲矣

○孟武伯問子路仁乎子曰不知也子路有一長之材然仁則却難爲矣故曰不知而以外之也下問求及赤亦問其仁者而二子亦爲其材却難爲仁矣故各條下每曰不知其仁也又問即問其所長也子曰由也千乘之國可使治其賦也不知其仁也賦兵賦也子路爲人其決裁明白不使衆徒擾亂故雖千乘之大國可使治其軍賦也求也何如子曰求也千室之邑百乘之家可使爲之宰也不知其仁也千室大邑百乘卿大夫之家宰邑長家臣之通號冉求爲人其治物條理精當無有偏頗故自非大國則可使爲之宰也赤也何如子曰赤也束帶立於朝可使與賓客言也不知其仁也赤孔子弟子姓公西字子華朝服必用帶故謂朝服爲束帶也公西赤爲人善儀容長於辭說故可使與賓客言也

○論旨復明仁不在於勇若才辯乃唯在乎簡默諸子也

○子謂子貢曰女與回也孰愈即比較二人而問其爲賢者也對曰賜也何敢望回回也聞一以知十賜也聞一以知二

子貢以多知爲賢是以有冀聞一知十之意子曰弗因假設顏子與己其材優劣有此異以對也如也吾與女弗如也與猶黨與之與也蓋顏子學達淵源所謂左右逢其原者是以子貢視之如多知者然顏子固非自尚多知者故夫子爲子貢取其意改其辭曰汝所以云爾者其意正唯謂大弗如也吾不取汝聞一知十之辭而唯與汝謂大弗如之意也蓋教子貢去其知慮心求道也○論旨此亦即於才辨而貴簡默務內也

○宰予晝寢晝居內寢也子曰朽木不可彫也糞土之牆不可杇也於予與何誅朽木腐朽之木也彫者刻之令其體內有所去起也糞土之牆用穢土所作之牆也杇者鏝之使之平密也誅猶責也上二句古語喩其體質不可飾以禮文夫子

因引此言古人所言當爲如宰予者責之而無益故道也子曰始吾於人也聽其言而信其行今吾於人也聽其言而觀其行於予與改是此足以彌縫前語而觀其不誣矣但非同時之語故改端以子曰耳言於宰予見言行大違因遂改聽言之法也蓋言出於心而行發於體故心與體不一其致則言行難合信矣如宰予乃其體慾熾而不能與心攝者抑亦所以爲朽木糞土也○論旨復舉事言辨而不務內者之弊明所以貴簡默焉

○子曰吾未見剛者剛者其志氣不爲體慾屈撓而行者之謂也或對曰申棖申棖孔子弟子字周子曰棖也慾焉得剛慾者即任其體氣所勝於其志氣之謂也蓋知慾之非剛則剛之爲剛其義益明矣故記者併附焉○論旨簡默者之所務正在乎內故外或似不剛而內實剛也長於華辨者其務專在乎外故外或似剛而內實不剛也彼申棖亦固朽木糞土之徒耳

○子貢曰我不欲人之加諸我也吾亦欲無加諸人

加者語相增加以壓人之意也凡事不究其情而但以其辭端屈折凌壓人者是最爲可惡故子貢體忠恕之心欲無此事也

子曰賜也非爾所及也

子貢之語在夫子前而與他人言者而夫子自旁插入其語故別稱曰賜也蓋子貢所稱者誠忠恕之事然忠恕則唯簡默務內者可得以希於此也如子貢好言辯者必視人爲暗愚自不得不加諸人故曰非爾所及也○論旨此亦抑言辯貴簡默也

○子貢曰夫子之文章可得而聞也夫子之言性與天道不可得而聞也

章文之細目也蓋夫子平常所發之言皆是本於性與天道以出之者而其言辭之所成義旨者則所謂文章也子貢謂於其言語之成文章者則可得而聞知之也然性與天道其義微妙旨淵幽奧是以自非通人達才難得而聞之故子貢謂於其直言性與天道之源者

則不可得而聞知之也○論旨結前數章見夫子之學問文章獨卓絕乎諸子之上矣

○子路有聞未之能行唯恐有聞　蓋學不可躐等當盈科而進故子路有聞必識其物輒欲必行之譬如以墨點灸穴者焚一艾炷則其點處不復消滅矣故必一發之於其行也如未之能行則空亡其有聞者一空亡之則亦不可得復進故唯深恐之也○論旨子路此事可以爲進學之法矣故編列之於前章得聞不可得聞之下也

○子貢問曰孔文子何以謂之文也　孔文子衛大夫名圉子貢疑其謚不與其爲人相稱故問之也　子曰敏而好學不恥下問是以謂之文也　敏者身不敢自居安逸而以行其事也好學者心不敢自恃其智而喜學詩禮之文也不恥下問者其心明知事物義文之所在不限上下而不恥問之卑下之人也要之皆是不敢自因而務執義文以立其行者夫子因斷其命謚之義曰謂之文也○論旨此亦即明可以得進學之要也

○子謂子產有君子之道四焉其行己也恭其事上也敬其養民也惠其使民也義 子產鄭大夫公孫僑謂子產之事有合乎君子之道者四也其一行己以恭而守身也其二事上以敬而不慢也其三養民以惠而致情也其四使民以義而無私也○論旨蓋恭敬乃出於簡默務內惠義亦恭敬之所生因明簡默務內者固合乎君子之道矣

○子曰晏平仲善與人交久而敬之 晏平仲齊大夫名嬰皇侃本而下有人字言晏平仲外善柔與人交無所礙塞然內守堅定久而其忠信愈見是以人敬之也○論旨簡默而有其實故必爲人所敬也

○子曰臧文仲居蔡山節藻棁何如其知也 臧文仲魯大夫臧孫氏名辰居猶藏也蔡蔡國所出之大龜也節柱頭斗栱也藻水草名棁梁上短柱也蓋爲藏龜之室

而作此山節藻梲之飾也當時以文仲爲智夫子因詰問之言其山節藻梲極尊崇龜之事即是文仲自形其心之昧愚謂已智不如龜者而其無知天知人之識見明矣而世人以何如爲其智邪不可解也○論旨教智亦當簡默本之其內也

○子張問曰令尹子文三仕爲令尹無喜色三已之無慍色舊令尹之政必以告新令尹何如子曰忠矣曰仁矣乎曰未知焉得仁令尹官名楚上卿執政者也子文姓鬬名穀於菟凡孔門諸子論古人必問以其德行所當之名者蓋名定則當以得參挍之古道以極其優劣之所當故也子文三仕三已而無喜慍色及舊政必告者乃是無以勢官自利之心而唯視君事猶己事也故曰忠矣而子張猶疑亦可以謂仁矣乎故重問之然仁者必勉强操守其義者而未見子文如然者但其賦性然者故不謂之仁也

崔子弑齊君陳文子有馬十乘棄而違之

至於他邦則曰猶吾大夫崔子也違之之一邦則又曰猶吾大夫崔子也違之何如子曰清矣曰仁矣乎曰未知焉得仁崔子齊大夫名杼齊君莊公名光陳文子亦齊大夫名須無十乘四十匹也違猶去也清者濁之反不被汚辱之謂也文子棄馬十乘而違齊以避崔子之他邦亦避其大夫如崔子者乃是不淫富貴而避汚其身也故曰清矣而子張亦疑其仁然此亦未見其勉強操守之跡者故不謂之仁也〇論旨見上子産晏平仲輩亦皆未可謂之仁矣而欲仁者專在乎簡默務內勉強行義也

〇季文子三思而後行子聞之曰再斯可矣季文子魯大夫名行父蓋文子三思之事其心內所爲而人所不能見其實者則此不過世俗虛傳是稱者爾凡思之爲事其實驗不過再思過此則猶一思也蓋人不思者之所爲一惟任氣發之故事皆害於物矣纔能一思則事必有兩端苟就其兩端而細求之其條理其是非善惡可擧而知矣於是再復轉思之則其是非善

惡愈益昭明而不復疑可以行而無害於物焉矣而文子行不與之稱者故夫子微言此以破之虛也○論旨蓋所貴乎簡默者在能思之矣而思者乃前章仁智皆所資此而生故以編列焉

○子曰甯武子邦有道則知邦無道則愚其知可及也其愚不可及也　甯武子衞大夫名俞其仕當成公之時有道無道亦皆以成公之時言也凡邦言有道無道及道言行不行者並皆言其民心自能取仁從義以成俗曰有道及道行也不者反是上二句古語夫子因評論之言凡人皆率好顯能見智故如其見智能者則人可能及也如其察知時宜韜能藏智慎默不出以遠禍害則人非其所好故不可企及也蓋武子能不爲血氣惑而其智瞭然乎時宜者是特爲可貴耳○論旨武子乃簡默而能思者也

○子在陳曰歸與歸與吾黨之小子狂簡斐然成章不知所以裁之　歸與者擬天意所在而思之也狂者進取而無厭之稱故於善無所不爲

也簡與猶義頗近猶者不忘其初而有所不為之稱故簡者於不善則決不為也斯二者卽夫子所以取之也斐者分別而文貌成章者各自成章也詩大雅棫樸篇云倬彼雲漢爲章于天義與此類裁者就其中分割以制之其宜也言吾門人小子之居鄉黨者或狂或簡皆未得中行各自以其所長相共斐然成章于其一方不知所以裁節之於其中而以成全德之法因揣度天意欲歸以裁之也○論旨如甯武子者能知時宜然狂簡之徒則亦各不能無其弊因教不可不就明師而裁之焉

○子曰伯夷叔齊不念舊惡怨是用希伯夷叔齊孤竹君之二子事見於史記舊惡者他人之行舊惡於己者也凡人引念舊惡則必挾怨心挾怨心則其行必不得公平矣伯夷叔齊勉不念舊惡而怨亦因以自希少乃行得公平所以能仁也○論旨伯夷叔齊卽能思而善乎自裁者故以編列焉於是又隱然始許仁

○子曰孰謂微生高直或乞醯焉乞諸其鄰而與之

微生姓名高魯人素有直名者醯醋也焉字即提醒其不直蓋微生高其家無有而故乞諸其鄰家者是心有所枉也心苟一枉則其行亦無不枉矣心行俱枉則不直莫大焉是以夫子譏之○論旨微生高與伯夷叔齊公平之心相反者也

○子曰巧言令色足恭左丘明恥之丘亦恥之匿怨而友其人左丘明恥之丘亦恥之

足恭謂以恭補飾也左丘明蓋嘗時名賢其事足為人之儀標故舉稱之也蓋巧言令色足恭佞者之事而皆是務外飾無其實以害仁者故恥而不為也心實怨人匿之而外友于其人強同其志者此小人之事而以害直者故亦恥而不為也○論旨巧言令色足恭即乞醯亦其一端而匿怨即亦不念舊惡之反故以相承焉

○顏淵季路侍

閒坐之時也

子曰盍各言爾志

盍何不之合也爾其身所有也志者蓋其德所立之為之本基者也

子路曰願車馬衣輕裘與朋

友共敝之而無憾 敝謂爲其久用損敝而至於不可復用也憾心不滿也蓋車馬者物之大者也輕裘者衣之貴者也而子路心不視利故能此然其意猶擇人故設非其人則雖無憾亦不得無些矜氣蓋狂之善者耳 顔淵曰願無伐善無施勞 伐誇而示人之意也施施及也言無以身爲善之事矜伐之於人無以嘗爲人勞之功施及之於其人也顔子以是修其身誠美矣然其事於其人則猶或不能自安蓋簡之善者耳 子路曰願聞子之志子曰老者安之朋友信之少者懷之 之字並皆指言其所爲之事也言吾欲老者則安乎吾所爲之事朋友則信乎吾所爲之事少者則懷乎吾所爲之事也是卽夫子以道於中庸爲其志者而人各自然得其所蓋善裁狂簡者耳 ○論旨因前章言恥遂明夫子之所志者且與在陳章應

○子曰已矣乎吾未見能見其過而內自訟者也 已矣乎者夫子思其天意空或已强教人也訟猶責也言吾未見世人欲能早見知己之過而內自責改正之

者苟無之則教亦無益故曰已矣乎也○論旨見微生高乞醯及巧言令色足恭皆固不能内自訟者也而能内自訟者而夫子安老信友懷少之事可庶幾矣

○子曰十室之邑必有忠信如丘者焉不如丘之好學也

不曰十家若十戸之邑而曰十室者蓋室内通財之事以其忠信尤易見也凡人爲其生之道皆由其彼此相通以爲己心之忠與其事久而不違以相依頼之信者故知其必有忠信者也蓋忠信固雖可貴唯不過以不失其一己而以好學則可以遠知衆庶之所咸安是以尚好學也此章夫子恐諸弟子或唯以忠信爲其標的而不尚好學故以開喩之毎言輙自引其身稱丘也言忠信而可以好學也○論旨明忠信而好學則必内自訟夫安老信友懷少之事亦可能矣

雍也第六 凡二十八章

○子曰雍也可使南面

仲弓爲人重厚簡默即如王所言之敬簡足以可君臨天下

民故曰可使南面也仲弓問子桑伯子子桑伯子魯人仲弓欲知許其南面之旨故問此人子曰可也簡夫子以伯子之簡亦許之可南面也仲弓曰居敬而行簡以臨其民不亦可乎居簡以行簡無乃大簡乎仲弓意但以其簡許之則其義未盡矣因言凡簡者居其心在敬事而行簡則是重民事因舊章故可也若夫居其心在簡事而行簡則徒惡事煩喜故隨故太過簡而不可也子曰雍之言然夫子舍其論之精到故然之也○論旨仲弓即忠信而好學者又專承前篇狂簡斐然章先見簡之當有裁量也

○哀公問弟子孰爲好學凡曰好學者非用詩禮之文義以操之心以立之行者則不可以好學稱故下夫子之對特擧不遷怒不貳過以証之也孔子對曰有顏回者好學不遷怒不貳過不幸短命死矣今也則亡未

聞好學者也　不遷怒者謂怒其怒而不遷易於其平生也不貳過者謂過其過而不貳念其改之也蓋斯二者即好學之大効而詩禮之文義爲之心詩禮之文義爲之行者故夫子擧稱以應其問也不幸者假令顏子永世則當有大爲而早死故爲世不幸也短命者顏子三十二而卒也今也則亡者言今夫子之門亡好學如顏子者也未聞好學者言未聞世有好學如顏子者也○論旨不遷怒不貳過者要之即敬簡因明學固貫敬簡也

○子華使於齊冉子爲其母請粟子曰與之釜請益曰與之庾冉子與之粟五秉　子華即赤也使爲孔子使也爲其母者以其母爲之辭也釜六斗四升庾十六斗秉十六斛冉子猶病其少自與之己粟五秉也而子華受之者蓋皆狂者之爲也　子曰赤之適齊也乘肥馬衣輕裘吾聞之也君子周急不繼富　乘肥馬衣輕裘即言其富也急者不可一日無之之謂也周者分給其財

而濟之也周急言與釜庾則足也繼富言與粟五秉之大過其當也是夫子語以古義裁之故提醒吾聞之也四字

原思爲之宰與之粟九百辭

原思孔子弟子名憲孔子爲魯司寇時以思爲宰也九百未詳蓋辭其多也此簡者之志也

子曰毋以與爾鄰里鄉黨乎

九字一氣讀毋乎者令之深用心而察其有無之辭也蓋原思家貧常多受人恤救故夫子欲以報之云爾也此夫子周急之證而抑亦善裁其狂簡也○論旨明夫子裁狂簡而暗特與乎簡者矣

○子謂仲弓曰犂牛之子騂且角雖欲勿用山川其舍諸

犂雜文騂赤色周人尚赤牲用騂角角周正中犧牲也用用以祭也山川山川之神也此夫子以仲弓父賤而人不肯貴仲弓恐其或爲此屈鬱故特諭之者而言仲弓所生賤微然其身苟德行端正足以觀焉則爲國家所知用譬猶犂牛之子騂且角者而神則必享此也○論旨復明夫子深與乎敬簡者矣

○子曰回也其心三月不違仁其餘則日月至焉而已矣
其心三月不違仁之一語本是難解蓋顏子自言之則是類自誇人固難遽信者若又以爲夫子知而言之則何由知其三月之限乎學者試思焉此顏子能知仁爲諸德之綱嘗欲從三月不違仁之務而以有發此語者而夫子今擧稱之以言其所見之特勝者耳不違仁者謂咸不違仁德而行也其餘者謂仁德之餘德也言顏淵果能其所言則如其餘諸德皆不必思求費力而或日或月自然來至乎其不違仁之中也○論旨以敎凡學業皆當勉簡要而能之苟提綱則目自擧矣

○季康子問仲由可使從政也與子曰由也果於從政乎何有曰賜也可使從政也與曰賜也達於從政乎何有曰求也可使從政也與曰求也藝於從政乎何有
從政謂爲大夫從任其政也於從政乎上皆畧抗苟能用之四字何有者何不可之有也蓋果

則有決斷而事無稽滯達則通事情而能得人心藝
則多才能而精辨物理凡斯三者皆從政之一善物
故夫子許其可以從政也○論旨此三人者率皆狂
者成一材者而其果達藝者亦乃前章所謂其餘者
故以
承此

○季氏使閔子騫爲費宰閔子騫曰善爲我辭焉如
有復我者則吾必在汶上矣 閔子騫孔子弟子名損
費季氏邑汶水名在齊
南魯北境上蓋閔子甚不欲臣季氏故告其使者曰
善作之辭爲我謝其爲費宰焉因又語其志言如有
復召我以如此者則吾必去在汶上避之也○論旨
閔子乃敬簡以仕陪臣爲大耻者而與前章三子之
狂者其出處之志大異
其歸者故併以編列焉

○伯牛有疾子問之自牖執其手曰亡之命矣夫斯
人也而有斯疾也斯人也而有斯疾也 伯牛孔子弟
子姓冉名耕

有疾者有疾不可救藥也問省問也自牖二字掩禮病者居北牖下君視之則遷於南牖下使君得以南面視己蓋古者於君父師同其敬焉故伯牛以此禮尊夫子夫子亦義視猶子而南面視之自牖二字卽明是義也執其手親愛之也亡亡之者惜弟子中亡之也命矣夫一句就伯牛身以思之也斯人者言德行超出之人也斯疾者言難治之疾也再言之而其歎惜哀痛至矣○論旨見夫子深與乎敬簡之徒而於其出處期之顯用也

○子曰賢哉回也一簞食一瓢飲在陋巷人不堪其憂回也不改其樂賢哉回也簞竹器食飯也瓢瓠也陋者其品卑於中也蓋顏子家本不甚貧當是貧日甚一日且有故驟至於斯者故夫子言其憂之堪不堪其樂之改不改者耳賢哉者美其志行大踰於常也大抵衆人如此則必當憂愁困憊以變其志操矣而唯顏子能處此不改其舊時以從道順天爲樂之心豈非大賢乎故夫子再言其賢以深歎美之也○論旨明夫子爲敬簡者

期之顯用然在其人則不屑不顯用也

○冉求曰非不說子之道力不足也　言吾意非不知夫子之道之爲善者但我力不足行之也

子曰力不足者中道而廢今女畫　畫者作其界限也言所謂力不足者初先勉强任之至中道力盡而廢極焉者是也今汝則未先試勉强任之而預自揣度其不能是爲自立限而不行者故畫而與力不足者異也○論旨見狂者之於其學易進又易退故一旦有不如意則遂至於斯大異乎敬簡者之爲矣

○子謂子夏曰女爲君子儒無爲小人儒　儒者以道教人者之稱蓋君子儒者文質相適者是也小人儒者文質相偏者是也而此君子儒者專主敬簡成德而言之小人儒者專主處文無實而言之也言汝須欲爲可以君子儒稱者愼無爲可以小人儒稱者也子夏蓋狂者之徒而文學有餘者故特警戒之也○論旨即明敬簡以成其德者而爲君子儒也

○子游爲武城宰［武城魯下邑此子游既爲武城宰治之之時而非新作武城宰之時也］子曰女得人焉爾乎［言聞汝得人而助之治以善治爲果如其言者乎］曰有澹臺滅明者行不由徑非公事未嘗至於偃之室也［澹臺姓滅明名字子羽徑者路謂正而易達者也公事公務之事也蓋行不由徑者方正也非公事未嘗至於其私室者簡直也言得此方正簡直人而爲之治非我力所能也○論旨見如滅明敬簡之質者可以得爲君子儒也］

○子曰孟之反不伐奔而殿將入門策其馬曰非敢後也馬不進也［孟之反魯大夫名側伐即稱無伐善之伐也殿在軍後而與敵逐者相拒也策打鞭也魯與齊戰軍大敗走之時而孟之反實獨在後爲殿然不欲有其功名故曰非敢在後拒敵也馬不能前進耳夫孟之反心固不欲其伐也然假其策馬與其辭而能成其不伐之實者然則其文之

爲用亦固大矣〇論旨前章備見敬簡之質可貴此章因又明加之以文而可謂君子儒之行也

〇子曰不有祝鮀之佞而有宋朝之美難乎免於今之世矣 祝鮀衞大夫字子魚巧佞爲人所悅者宋朝宋公子美色爲人所艷者蓋以祝鮀之佞喩文以宋朝之美喩質而畢言當時之俗衰亂疾正故尤嘗以文行之以避禍害也不有者使省思其有無之辭言人不覺外有祝鮀之佞爲人所悅之文者而内獨恃有宋朝之美爲人所艷之質則於今時之世難乎免其禍難也〇論旨見質不可不愈用文也

〇子曰誰能出不由戸何莫由斯道也 此章亦就當時俗愈衰亂曾無有由斯道者而言之故曰莫也斯道者謂聖人因人性而所設教之直道也蓋人性本直於道是以人之於道其心初無不欲由斯道者譬猶將行道途者皆必由其門戸而出焉然則以斯心久常由斯道是誠爲順且安之事然而世人莫由斯道者何豈不亦悖其性乎故夫子歎惜之云爾〇論旨明文質不

必他求人性本順乎其文質相適者矣

○子曰質勝文則野文勝質則史文質彬彬然後君子

野野人也史瞽史也彬彬者兩物互爲會通而不相闕乏之意也凡人其所行自恃其質之美而不以用其文爲要務則是質勝文者而譬如孟之反而無假其策馬與其辭何足以尚焉故曰野也若其所行但怙其文之美而不以原其質爲要務則是文勝質者而譬如小人儒徒華辨誇博者何與瞽史異焉故曰史也是故苟無此二弊質必用文文必原質兩物彬彬若然後始謂之君子也○論旨總括前數章文質之義以歸之中正也

○子曰人之生也直罔之生也幸而免

人性本直故其爲其生也亦當行其直而得以遂其生焉然而蔽罔其性之直以行不直猶得其生者是幸未被刑戮而姑免之耳○論旨又明人不可以不質直質直而後可以望其行之文焉矣

○子曰知之者不如好之者好之者不如樂之者

之者指斯道也此章語學者入道之淺深有此差等者而蓋人之於道猶出必由戶故能知之知之則可曰能辨之然不必由斯道故不如好以承之者好以承之則可以能由斯道然未必得久之故不如樂以適其意者樂以適其意則莫不久常由斯道是以爲其至矣○論旨明文行之淺深可以此知好樂而準之也

○子曰中人以上可以語上也中人以下不可以語上也

蓋大約人有上中下之三等其於行道亦有上中下人所行之三異而學不可躐其等故中人以上可以語上人以下所行之道其質足以協合其文以行之故也如夫中人以下語此則其質不足以協合其文而徒以資言辨故也○論旨明如前知好樂亦不可躐其等必當文質協合漸進以濟其美也

○樊遲問知子曰務民之義敬鬼神而遠之可謂知矣

對言鬼神故特曰民也義謂今日人倫宜常務行之義也務者身常勤勉事行之也蓋天地鬼神之

情即屬乎下民倫理之宜故重民義與敬鬼神其義一也而愚者不達此義故常不務民義但時祈福於鬼神是以禱祀無益也智者則不然惟專務民之義心又敬鬼神不敢違之而以其所當獲福之報爲久遠有此之事不敢遽望之亦知務民義不違則鬼神遂必錫福也此未免利仁之心然智者之事故曰可謂知矣

問仁曰仁者先難而後獲可謂仁矣

別於知者而言之故特曰仁者也難者謂身所難行也獲者物當得者而得之義也言仁者與知者利仁之心別異而其身唯先務行其所自難者而於其當獲福者後之曾不顧講焉是可以謂仁也○論旨此語中人以下者故夫子所答詳於語知而簡於語仁蓋所以欲使樊遲用功於切近處學不躐其等也且知猶文也仁猶質也仁知乃固所以成文質之美德矣故茲又及於仁知之論耳

○子曰知者樂水仁者樂山知者動仁者靜知者樂仁者壽

樂者心氣快暢也壽者以其德永貞言之與楚語已能自壽之壽同此章上二句想其心

所樂而言之中二句見其所爲之事而言之下二句評其所有之德而言之也蓋知者舍舊就新故其樂可以水喻仁者存舊積新故其樂可以山喻知者常貴遷善故動仁者惟務篤積故静知者尚有其身故樂得於道仁者與道合一故其德永貞○論旨此語中人以上者而以細教學者當精辨仁知之別以漸進達焉

○子曰齊一變至於魯魯一變至於道齊齊風也魯魯頌也道謂周道大小雅周頌所訓是也蓋齊風之所教大抵言雖未盡知而躍其所自知以從其行也魯頌之所教大抵言明其德以自除其邪慝而不敢休也周頌之所教大抵言受命行禮無所不至也此言學者學詩先已以齊風成其知然後漸進一變而至於魯頌之所尚既又漸進一變而始得至於道也○論旨又明進道之有等級次序也

○子曰觚不觚觚哉觚哉觚木簡猶後世之竹簡也以其形方名觚者而當時

或用其不方者夫子因取喩以微言當時大夫以上有君子之名而無君子之實者猶名觚而實則不觚欲切諭之故疊言觚哉也○論旨明學問蹤等亦猶觚不觚也

○宰我問曰仁者雖告之曰井有仁焉其從之也井阱也言今告仁者曰有成其仁之事則其實雖設阱焉仁者敢從其言乎蓋宰我疑仁者不事智則徒有遭此害也子曰何爲其然也君子可逝也不可陷也可欺也不可罔也言汝何爲如此之疑乎求仁君子則無此慮也蓋告以有仁故相從而遠逝焉而如小人爲名者或可爲陷沒也君子固不爲名故可逝也不可陷也告以有仁故其事見欺瞞焉而如小人爲利者或可爲蔽罔也君子固不爲利故可欺也不可罔也○論旨明凡有其實者與無其實者其虛實皆不可掩也

○子曰君子博學於文約之以禮亦可以弗畔矣夫

言君子於詩書之文莫所不博學通達然其行之則不敢縱盡其所識必縮約其所學之義以不違禮而行焉故學者亦苟欲如斯則庶幾可以弗離畔於其道也夫字復指君子之事使學者深思之也○論旨明君子無爲小人所陷罔之虞者專由斯博文約禮爲其素也

○子見南子南子蓋南蒯也見謂將見子路不說南子小人故子路不悅其將見也夫子矢之曰予所否者天厭之天厭之矢者今其所志期久遠不違也否塞也厭棄絕也言不止見南子之事設有予心所否塞天命者在乎其身則天速棄已使死以勿害生民也○論旨明夫子博文約禮加之有以死矢天之志以待小人故曾無陷罔於非僻之虞也

○子曰中庸之爲德也其至矣乎民鮮久矣中庸者人受天地之中以生而中德自庸行乎人者是也言中庸之爲德也其可以至德無復尚之者稱矣乎何者以世人率皆忽由忽棄雖期月能久此德者甚鮮少也○論旨明雖前博文約禮及夫子矢天者皆不過庶斯

中庸卑近之德矣而又總括文質及狂簡之義以與此章遙應

○子貢曰如有博施於民而能濟衆何如可謂仁乎子貢意普博施與於民而能濟衆生之艱者可謂仁因舉問之也乎者心許之而猶未敢定也子曰何事於仁必也聖乎堯舜其猶病諸言是不獨止於言仁必欲究知其名則其唯聖人乎然如子貢所言者與天地同其功業故雖堯舜其猶自病其不能之也夫仁者己欲立而立人己欲達而達人能近取譬可謂仁之方也已譬比類也言夫仁者不必如前言己欲立則强恕而立人己欲達則亦强恕而達人是即仁者之事故苟求仁者凡事能近取諸其身推類擴之以行諸人則求仁之法復無他故可謂爲仁之方也○論旨明仁亦當如中庸求諸近也

述而第七　凡三十七章

○子曰述而不作信而好古竊比於我老彭述者存舊義而令易通明也作者本所無之事而創始也竊者不待人許之而敢自取之也我者心尚其人因内之而稱也老彭姓名其人未詳蓋先周之如此言者也蓋老彭終身惟紹述古道而不敢自作以其心實信古義之不謬而識好尚古故也而夫子嘉之自比於其人亦同其所為也○論旨明雖夫子之聖猶惟述而不作學果不可馳高遠也

○子曰默而識之學而不厭誨人不倦何有於我哉默而識之者謂常恭默不外馳而細辨識其所聞見以存之德也不厭者謂學雖有困苦之事而不厭去之也不倦者謂教誨人之間雖有不如己意者而不為倦休也言能此三事則我所任恰盡乎斯而無罪過以有加於我身也○論旨明學古成德之法及學者宜以自任之事也

○子曰德之不脩學之不講聞義不能徙不善不能

改是吾憂也　蓋夫子平常脩德其身因又講明其所
改之然而猶時用心省於此四者有所不能乎因以
爲憂也然則夫子其所以爲樂亦可知焉耳○論旨
此亦學古成德之法而學
者宜務之事益詳明焉

○子之燕居申申如也夭夭如也　燕居閒居之時也
申申如者其容貌
外舒也夭夭如者其志氣內舒也夫子敬天樂命無
所愧怍是以自見其申申而通達者也夫子心又常
溫存詩禮之文義是以自見其夭夭而發暢者也○
論旨與上憂字反映見夫子雖不必用心之時莫所
不存
存焉

○子曰甚矣吾衰也久矣吾不復夢見周公　蓋夫子小壯時
希德如周公其欽慕之至或時夢寐見周公矣及其
晩則久無其事且頗覺其氣力衰滅之甚是以深歎
之也○論旨見夫子不唯燕居存存雖於夢
寐之間未嘗忘脩德焉抑所以成夫至聖也

○子曰志於道據於德依於仁游於藝（言學士當心常志於詩書所謂之道身憑據於孝弟忠信等之庸德而以行其道有事則因依於勉強濟人之仁而從事之無事則游息於禮樂之藝文而培養其德也蓋道不虛行必據於德而行矣然猶不能博大依於仁則其德博大矣然非知不成游於藝則義文貫融乎中而仁可以得知矣故夫子言之其序如是○論旨即明所以成德之法也）

○子曰自行束脩以上吾未嘗無誨焉（束脩以繩束腶肉之贄也）

此夫子欲門人察夫子之行以儀則之因言雖門人童子輩如其人身自能執束脩以行其禮者以上是即稍志於道有意於受教者故夫子為其人雖無有言直以躬行示之平常以此為其誨也○論旨夫子躬行誨人者即前章據於德依於仁游於藝之類是也故以編列焉

○子曰不憤不啓不悱不發舉一隅不以三隅反則

不復也悱者其心非之而不能除去之謂也上二句古語下一句夫子之語故特用則字也字別之也言教人之法當一視其學者之誠實而從授之教蓋學者心氣奮滿欲進道之心甚切者而宜爲啓導之不則不落也學者進道之間或時疑貳閡塞欲排斥之然不能者而宜爲明發之不則不發也夫子因釋其義言譬如喩人以有四隅之物當唯舉示一隅其人宜自以其所聞之一反復對證其所餘之三以舉之不則重復告其人固無益耳故古人不憤不啓之訓雖似不親切然教法宜如其言也○論旨明無志於道之人則雖聖人無奈之何以激勵學者也

○子食於有喪者之側未嘗飽也此夫子偶然坐食於其側者故曰於也未嘗飽者雖有美食不飽也

子於是日哭則不歌哭字挿是日謂其哭哀日也不歌終日不歌也○論旨夫子不止其於食不飽朝哭夕不歌者誠信懇惻善體人意之至也茲知前不憤不啓不悱不發者亦夫子非不欲啓發彼不能憤悱者未由啓發之且是躬行誨人之一端故以編列焉

○子謂顏淵曰用之則行舍之則藏惟我與爾有是夫上二句古語言有人用之則發行之無人用之則懷藏之其用舍一惟任人我不敢好自顯揚又不敢好自韜晦也夫子引之言惟我與爾獨有如是語之操他人則非所能及也子路曰子行三軍則誰與行猶行舟行聘之行也萬二千五百人爲軍大國三軍子路意人材各有所長如此事則夫子必獨許己也子曰暴虎馮河死而無悔者吾不與也必也臨事而懼好謀而成者也暴虎徒搏虎也馮河徒涉河也皆見于詩言恃勇妄進曾不知懼者如子路則吾固不與也且軍事吾不欲言之然必問吾所與者則及臨軍事先思其國家之大事而心甚恐懼不堪其任因爲好善其謀而以期望其成功者是或可與也蓋顏子則用舍任人事必與衆共者子路則雖勇然好獨用己者是以雖軍事亦夫子心與顏子不與子路也○論吉明顏子善體受夫子躬行之誨者而子路則不之能者也

○子曰富而可求也雖執鞭之士吾亦爲之如不可求從吾所好 此夫子爲世人或異夫子似甚不好富貴者曉之其旨之辭言富之可喜者而求之無害於義則雖執鞭之賤役不擇其地位之卑吾亦與衆同爲之然如求之有害於義則不可求故我與衆違唯從任吾所好去就進退必以義也○論旨明夫子行藏非好異於衆唯義有不得已而然也

○子之所愼齊戰疾 愼者慮其失而保重之義也齊與齊通所以交於神明也蓋神之格思不可度思及戰鬭之禍疾病之變亦皆有不可測者焉故特深愼之也而其所愼不唯於其身又自愼於言之故亦其旨曰所愼也○論旨前章夫子不敢求富貴者蓋愼之也故又茲示其所特深愼者之大方耳

○子在齊聞韶三月不知肉味曰不圖爲樂之至於斯也 爲樂猶言爲詩爲禮也此夫子在齊國時適聞韶樂之善美將學之因齋戒絕酒肉專一學之

遂至於三月忘有肉味之美者也他日語此事言吾初不圖學樂之至於斯耽樂三月不知肉味也○論旨前答子路即愼於戰也此即愼於齊之一事因以編列焉蓋疾亦要之猶戰之小者故不必別承接之也

○冉有曰夫子爲衞君乎子貢曰諾吾將問之衞君出公輒也靈公逐其世子蒯聵公薨而國人立蒯聵之子輒於是晉納蒯聵而輒拒之時孔子居衞冉有疑夫子爲出公仕義或無害若仕則當取富貴也然尚多知夫子不爲仕是以不直問之而質諸子貢子貢亦心憚言之故以他事探之也諸者領其意而應之也入曰伯夷叔齊何人也曰古之賢人也曰怨乎曰求仁而得仁又何怨出曰夫子不爲也伯夷叔齊孤竹君之二子其父將死遺命立叔齊父卒叔齊遜伯夷伯夷曰父命也遂逃去叔齊亦不肯立而逃之其後武王滅商夷齊恥食周粟去隱于首陽山遂餓而死蓋出公不肯讓

其位於其父而拒之者此與夷齊所行之義相反故以爲問而夫子答以其賢則是以出公爲不賢而其不爲之仕既明矣子貢因又意若夷齊而怨天之不報施則夫子亦憐其不富貴而或枉道故以爲問而夫子答其不怨則夫子不爲富貴枉道爲出公仕者於是益明不容復疑故出告冉有曰夫子不爲也求仁而得仁者蓋夷齊欲爲人臣子奉其宜行之義以惠於天下萬世而得其所欲者也○論旨明夫子不唯於其學不知肉味於其行之亦忘富貴去就進退必以義也

○子曰飯疏食飲水曲肱而枕之樂亦在其中矣不義而富且貴於我如浮雲

飯謂食之也疏食麤飯也飲水代酒漿也曲肱而枕之無枕藉也浮雲謂行雲之暫留往也此夫子爲世人妄欲富貴者語其旨之辭而言極貧雖如此亦其行苟不違義則吾謂之樂在其中矣何者不義而富且貴人或以謂可能永保之於我視之如浮雲之不可保其在故也○論旨愈明夫子决不欲不義枉道而富貴也

〇子曰加我數年五十以學易可以無大過矣 加假聲近

五十蓋卒字衍也蓋易之爲義幽深精微非通人達材則不能注意者也學者通達其文義而能溫諸心以施之躬行遂成其德之謂也是時夫子年已老而學易有所未自得故欲天之加年得卒其業也特曰數年者見易之難學又却見夫子其未卒者僅僅不多也可以無大過矣者蓋易之爲道一以吉凶悔吝撰之要道而其要以无咎爲其所尚者故夫子期學之至以無過無過即无咎之謂也大字蓋對天而謙言也〇論旨明夫子不欲不義之富貴者由於學易知天而然也

〇子所雅言詩書執禮皆雅言也 雅者舊常之正者而今存焉者之義

也雅言者謂如古雅之聲音而用之以言也蓋聲隨地殊音隨代異而聲音之訛其義隨轉其所關係甚大況詩假文言以昭其志書載古言以宜其義是以夫子於詩書殊加謹愼必置當代之聲音而以雅言也執禮皆雅言者夫子平日執禮以誨人亦皆以雅言也當時周室既衰雖人之用禮者率多賴聞見無

藉書策。是以古言多訛，而古義隨亡。故夫子雖執禮以講習之際，亦加謹慎，必以雅言也。周易亦當以雅言而不言之者，其書幽深精微，如門人游夏之徒，尚罕聞其言，且因前章之言，足推而知之故也。○論旨以教學者不可馳高遠，當就其近者而切求之要，寡過失也。

○葉公問孔子於子路。子路不對。葉公，楚葉縣尹沈諸梁，字子高，僭稱公也。葉公所問，問孔子爲人，故夫子亦曰其爲人也。子路不對者，以其聖德不易名言也。

子曰：女奚不曰其爲人也，發憤忘食，樂以忘憂，不知老之將至云爾。言其不難對，故曰女奚不曰也。蓋發憤忘食者，酷嗜學道，其勉至也。樂以忘憂者，深樂其道以忘世憂也。不知老之將至者，爲道不知老之將至，而唯從事之也。云爾者，謂如前言之爲人也。○論旨承前數章總結之。蓋三月不知肉味之類，即發憤忘食也。舍之則藏，及不欲不義之富貴之類，即樂以忘憂也。加我數年學易之類，即不知老之將至也。

〇子曰我非生而知之者好古敏以求之者也之字指道也此此語異於制作者而所以能成其德之由也夫子本以述古為任且所謂敏求者亦即學而不厭之類也〇論旨明夫子之所成其德者亦唯其為人如前章所言者而以得之也

〇子不語怪力亂神此章以不語怪為主以怪字冒力亂神三者之上也怪者人之為非常而駭異者一切皆是也力者即謂怪力如左傳所云投蓋挾輈之類是也亂即謂怪亂如臣子弒逆及奸盜淫暴之類是也神即謂怪神如神降於莘神求瓊弁之類是也凡此三者率皆虛妄不根所謂怪而縱令其果有之亦其事非常有且夫子教唯以其所定常行者是以嘗不語怪也然有人強問則或有以答焉唯未嘗自起此語端故曰不語也〇論旨見夫子好古亦唯以其常而無非常之事也

〇子曰三人行必有我師焉擇其善者而從之其不善者而改之上一句古語夫子因引此以明學者可以取裨益之法言學者能用心觀三人

以上一事而其所行各異則必有可爲我師法者焉其法友擇其最善者而已苟無之則從之此得從善之師也其最不善者而已倘有之則改之此得改不善之師也故古人曰必有也○論旨明夫子於常行其取裨益率此類也

○子曰天生德於予桓魋其如予何　桓魋宋司馬向魋也出於桓公故又稱桓氏魋欲害孔子孔子聞之言天本好生生而以德予於予輩常使以得保安焉然則我命一繫乎天非桓魋之所得而制之故苟天之未欲其死者則桓魋其不能害予輩也明矣○論旨明夫子信而安命故有是言又見天生德於人故苟有志而學則靡不可成者焉

○子曰二三子以我爲隱乎吾無隱乎爾吾無行而不與二三子者是丘也　二三子即指侍坐諸子無隱乎下略二三子三字爾助辭猶耳也與猶云爲也蓋夫子之所教不以其言而以其行是以於其言也舉一隅不以三隅反則不復於

其行也自行束脩以上未嘗無誨焉此夫子所教人之法也夫子因察諸弟子曉之言其或以我爲有隱匿不言之事乎吾本無有隱匿乎二三子之事耳吾無行而不爲二三子相顧教誨之意是吾身所常任之志也○論旨明夫子安命如前章故其無隱匿亦固足以知矣正唯弟子不能察夫子其所與之行耳

○子以四教文行忠信 蓋文足以昭其義行足以成其德忠足以進其善信足以行其道如文而不忠則飾行而不信則僞忠而不文則野信而不行則愚四者各救其弊交致其美所以爲君子也故夫子教必以斯四物也○論旨明夫子平常所與二三子無他不過以斯四者也

○子曰聖人吾不得而見之矣得見君子者斯可矣 聖人者蓋制作文行忠信之教者是也君子者蓋學成文行忠信之德者是也 子曰善人吾不得而見之矣得見有恒者斯可矣 善人者蓋擴進君子之德者是也有恒者蓋常向善人之道者是也以上四者皆就文行忠信而言之也而摘子曰二字者此學類集夫

子興時之語然見時俗愈衰壞益難得其人而深歎之也可矣間皆畧謂幸二字亡而爲有虛而爲盈約而爲泰難乎有恆矣言或忠信之實實亡之而自爲有或文行之德實虛而自爲盈或文行忠信皆實約少而自爲泰有世率皆如此其難乎得有恆之人亦宜也

○論旨明成文行忠信之序也

○子釣而不綱弋不射宿綱舉綱之提綱故謂綱爲綱也弋以生絲繫矢而射也宿宿鳥射宿亦弋中之一事故省而字也蓋鳥獸蟲魚之肉人取而食之自先民而然故夫子或時爲釣弋習不以殺生介其意矣然至於綱與射宿則出其不意而掩藏之亦情所難忍故夫子不爲之也○論旨此雖微事可以觀夫子之文行忠信矣故以編列焉

○子曰蓋有不知而作之者我無是也多聞擇其善者而從之多見而識之知之次也蓋者槩其略而語之辭多見下略擇

其善者乃學識記識也不知而作者謂其人不生知之聖人而新制作者也夫子無是事則忠信也多聞而從之者其行也多見而識之者其文也知之次者言次於生知者之後列之事也○論旨明夫子忠信而所以得文行也

○互鄉難與言童子見門人惑

互鄉鄉名蓋是女閭之類有不善之風習而難與言善者其童子而見夫子請教夫子受之故門人惑以爲不宜受之也

子曰與其進也不與其退也唯何甚人潔己以進與其潔也不保其往也

潔者除去汚穢而以致清淨也言吾所以受之者與其進而欲爲善之志也不與其退而欲習不善之事也且汝輩唯何於互鄉之人殊疾之太甚也人潔己以下語平日與人相接之義故更端也言凡人苟潔己以進則唯與其潔可也如其既往之事則棄而不保之可也是以吾受彼之請也○論旨此亦明夫子文行忠信而待人也

○子曰仁遠乎哉我欲仁斯仁至矣言人似以成仁爲高遠不可企及者而不肯爲之然殊不然我身苟有欲成仁之志則應其志之厚薄當成仁之事從之頻頻自至也○論旨明忠信而欲仁則仁斯至矣仁則其行自文也

○陳司敗問昭公知禮乎孔子曰知禮陳國名司敗官名卽司寇也昭公魯君名稠當時以昭公爲知禮而司敗素知其違禮因試問之也夫子固諱言君惡故祗答曰知禮也孔子退揖巫馬期而進之曰吾聞君子不黨君子亦黨乎君取於吳爲同姓謂之吳孟子君而知禮孰不知禮巫馬姓期字孔子弟子名施孔子退後司敗揖巫馬期而進之者不知夫子臣子之義當云爾而反譏其答之似不當也黨謂私黨匿非也禮不娶同姓而魯與吳皆姬姓謂之吳孟子者諱之使若宋女子姓者然也巫馬期以告子曰丘也幸苟有過人必

知之夫子不自其由唯喜苟且似有過者人尚必告知之也○論旨夫子爲君取譏最見其文行忠信唯急於欲仁如司敗者固無忠信欲仁之心者耳

○子與人歌而善必使反之而後和之 歌歌詩也善善其歌曲中節也必使反之者夫子因其再三反復之而必期得其善也和之者喜習之而長其善也夫子虛心於其長善之事無毫毛失之蓋如此○論旨前章夫子喜聞知己過此章喜得人之善皆是文行忠信之事也

○子曰文莫吾猶人也躬行君子則吾未之有得 文文謂文藝也言若單言文藝則吾猶人而無必不可及者焉然文能施之躬以行君子之事則吾心欲之而未之有得也此蓋謙言文與行一而始可貴然文行本當一致故別於其文而特用則字也○論旨明忠信爲本而後文行可貴也

○子曰若聖與仁則吾豈敢抑爲之不厭誨人不倦

則可謂云爾已矣孟子子貢問於孔子曰夫子聖矣乎孔子曰聖則吾不能我學不厭而教不倦也子貢曰學不厭智也教不倦仁也仁且智夫子既聖矣此語當因子貢之言以再言之也豈敢者言不受其名也公西華曰正唯弟子不能學也言夫子固既仁聖矣正唯恐弟子不能學而爲謙言之也○論旨前章夫子謙文行此章又謙仁聖因以公西華之言明是唯夫子有爲而自謙非不能者也

○子疾病子路請禱子曰有諸子路對曰有之誄曰禱爾于上下神祇子曰丘之禱久矣病謂疾之苦也禱者身不違神之所鑒臨而祈之禱也而當時禱祭多妄誕故夫子問於正傳有之乎子路因引誄以對誄者哀死而述其行之辭上下謂天地天曰神地曰祇夫子內敬天命而耳順之外循天道而躬履之以其身常置於鬼神所來祐之地其禱莫大於是焉故曰丘之禱久也其意言不別用禱祭而可也○論旨愈明夫子之至

聖其素行合乎
天地神明也

○子曰奢則不孫儉則固與其不孫也寧固 上二句古語不孫者當爲之下而不肯下也固者拘泥不易也蓋奢則氣易驕故失其當讓而陷於不遜矣儉則氣嗇守故失其當遷而陷於固矣古人戒其弊如此而夫子因言彼不遜者甚則必侮聖慢賢矣彼固者但已不能遷其善耳故曰與其不孫也寧固○論旨前數章言夫子聖德而文行忠信既備矣此因見學者於其文行忠信當須要貴躬行之儉不流於浮華之不遜其勤勉學者寬而深切焉

○子曰君子坦蕩蕩小人長戚戚 坦猶平也蕩蕩者物不見其涯極之貌戚戚者跼蹐難伸之貌蓋君子至公從道故心廣體胖而其樂蕩蕩也小人常抱私己故不愧於彼則作於此而其憂戚戚也○論旨明文行忠信者與不者其情狀亦類此也

○子溫而厲威而不猛恭而安 厲勵也心自奮進以率其身不惰之謂也

猛猶苛政猛于虎之猛也三者皆各易有其弊而無之故揷而字也○論旨溫而厲者謂其所自學好古及發憤之類也威而不猛者謂其所誨人躬行誨人及舉一隅之類也恭而安者謂其所於天命袓繼章及不禱病之類也而要之文行忠信之德發見乎外者故以總括之耳

泰伯第八凡二十一章

○子曰泰伯其可謂至德也已矣三以天下讓民無得而稱焉　泰伯周大王之長子其次爲仲雍其次爲季歷季歷生子昌有聖德史記曰大王欲立季歷以及昌於是太伯仲雍二人乃犇荊蠻文身斷髮示不可用以避季歷季歷果立是爲王季昌繼立三分天下有其二是爲文王文王生子發亦有聖德卒平殷亂是爲武王所謂三讓者指此事也而大王之時周業尚微泰伯之讓稱以天下者何也書曰大王肇基王迹詩曰實始翦商蓋大王始遷岐下周原周邦之立實自大王故曰肇基也大王知文王之聖傳之以國至武王遂滅商者實始翦商也周公之

追王大王王季蓋亦以此義也泰伯一讓之於季歷而遂以及文王又以及武王是三讓而皆以致天下安定之事故曰三以天下讓也至德謂無復加其上之德也言泰伯誠有三讓之德然默慮潛斷以泯其迹令民無稱其德是所以其可謂至德也○論旨承前篇言夫子之聖德因又述至德之義見唯夫子固無所不能也

○子曰恭而無禮則勞愼而無禮則葸勇而無禮則亂直而無禮則絞　葸與愢同恐懼也絞不容他物也蓋恭者所以守也故不敢勞人然不用禮以分義類則不使其當使而獨勞其身矣愼者所以保也故無事而審然不用禮以知斷決則不略其當略而徒葸葸焉亡可進取矣勇者所以克也然不用禮以順倫理則不辟其當辟而以擾亂紀綱矣直者所以行也然不用禮以權其輕重則不變其當變而絞焉拘束矣　君子篤於親則民興於仁故舊不遺則民不偷　此記者因夫子之言又以其所聞而補之

餘意也言爲上者唯篤愛於其親則民自觀感相共作慈恤之行而興起於仁也爲上者不爲喜新特而遺棄故舊則民亦恥苟且之事而其俗不偷薄也○論旨泰伯之三讓乃恭愼勇直兼有焉者也且恭愼勇直而有禮則可以得篤於親又可以得故舊不遺矣故以編列焉

○曾子有疾召門弟子曰啓予足啓予手詩云戰戰兢兢如臨深淵如履薄冰而今而後吾知免夫小子

手足就言臨深淵履薄冰而以喩其心堅守固執之狀猶與中庸言得一善則拳拳服膺其旨同也啓卽謂啓解其所堅守固執者也詩小旻第六章之語其首言旻天疾威不可測次言愼身以免其災咎至第六章乃言其戒愼恐懼當如此要不失陷也言吾自今將啓予戰戰恐懼如臨深淵之手啓予兢兢戒愼如履薄冰之足也蓋天命無常唯守禮依義無少缺失者庶可以免矣曾子平常以此爲念至今之將沒始知其旣免也語畢呼小子若蓋深欲小子皆以如此爲心故特初召門弟子而告之也○論旨明苟恭

愼勇直則亦庶可以得免其如臨深淵如履薄冰者也耳

○曾子有疾孟敬子問之孟敬子魯大夫仲孫氏名捷問省問也問其疾且欲有所聞也曾子言曰鳥之將死其鳴也哀人之將死其言也善言鳥之將死人猶哀其鳴況人之將死其言得不爲善乎蓋語臨死之言出乎其至誠而欲敬子之用心聽之也君子所貴乎道者三動容貌斯遠暴慢矣正顏色斯近信矣出辭氣斯遠鄙倍矣籩豆之事則有司存籩竹豆豆木豆言君子有道爲人最所貴焉者凡三事矣君子固履道有威儀故其動作爲粗暴惰慢者見遠一也君子固依道立中誠故其坐立爲內外信一者見近一也君子固學道畜文義故其言語爲無文無義者見遠一也凡是三者君子其身因有道以所貴之效如斯矣若夫籩豆之事器數之末則賤有司之所存知而非所貴乎君子幸敬子學習之也○論旨此亦要之恭愼勇直兼有者耳

○曾子曰以能問於不能以多問於寡有若無實若虛犯而不校昔者吾友嘗從事於斯矣言我以能行之身而問於彼不能行者之有他一長者以多聞見之身而問於彼寡聞見者之有他一長者其爲問之時深自謙抑其實有識然其狀若無之者其實德性充實然其貌若無之者或時爲其人遺觸冒逆戾而曾不與之計校唯以務益乎我身是非衆人所能而昔者吾先友顏淵唯專爲斯行也○論旨實若虛以上乃恭愼而學至德之法犯而不校此眞勇直者且見前章暴慢鄙倍非敢拒之彼自遠退之事也

○曾子曰可以託六尺之孤可以寄百里之命臨大節而不可奪也君子人與君子人也言忠可以託幼君信可以寄國命臨幼君之死生一國之存亡爲大節之事而不可奪其忠信之志也不必論事之成敗有人問之君子人與識謂君子人也○論旨明恭愼則亦可以寄託勇直則亦不可奪也

○曾子曰士不可以不弘毅任重而道遠弘毅謂度量弘大志氣剛毅也士當其躬如君子以成仁爲己任是以其任貴重而其成仁之道廣遠故不可以不弘毅也以下又以君子之事喻其重且遠之委仁以爲己任不亦重乎死而後已不亦遠乎仁字句其旨冒下二句言君子唯以成仁爲其終身之任其務之益博益大死而後始休士亦當如斯故重而遠太甚也○論旨明前章臨大節而不可奪者卽合乎君子弘毅克成其仁也

○子曰興於詩立於禮成於樂詩者古人言志之所作而聖人次序之先後以象成德之言者故學詩則德言沃於中而志意勸興矣禮者先王之所制而以親親尊賢之宜寓之於宮室器物及人事動作進退之間者故學禮則德行有所儀式乃前所興於詩之志行之得有其方而凝然强立矣樂者歌以詩行以節奏以象德行之流動者故學樂則德義熟於中外乃其所興於詩之志所立於禮之行於是能全順成矣是以夫子云爾○論旨明所以能成德行之本以總括前數章之義焉

○子曰民可使由之不可使知之 民謂農工商也言上之於三民可欲使由禮樂之教而化不可要使知禮樂之本而議也蓋爲上者知之而出教民苟由之則不知而可也故分別士與三民以可不可言之也○論旨明成於樂是士之事而如三民則不必待然也

○子曰好勇疾貧亂也人而不仁疾之已甚亂也 蓋好勇當趨人之急可也然疾貧則其用勇於不仁之行明矣故曰亂也人而不仁疾之當不使不仁者加乎其身可也然疾之已甚此徒疾人之惡者而亦亂之所生故又曰亂也○論旨明民由禮樂則無此二弊而亂無所生也

○子曰如有周公之才之美使驕且吝其餘不足觀也已 如有假設之辭周公之才之美謂才美之極也驕者矜己之有也吝者不欲人之有也言凡事出乎驕吝之心而爲之則縱無足觀者也○論旨明不由禮樂則雖有才美無所爲用也

○子曰三年學不至於穀不易得也　穀猶邦有道穀之穀也言學既三年而自謂已所學未嘗至於可以祿仕者是其人所期者不在外飾而在成德者故如此之人不易得也○論旨此不疾貧又無驕吝之氣者故以承焉

○子曰篤信好學守死善道危邦不入亂邦不居天下有道則見無道則隱邦有道貧且賤焉恥也邦無道富且貴焉恥也　言篤志信心好學詩禮之道因堅守之矢死不失以善行其道為之自重危邦初不入亂邦避不居皆害於行道故也而天下有道與其道合則顯達無道而不合則晦隱蓋君子之義如是故士居有道之邦者理當顯達而貧賤者此其道有所未盡故曰恥也無道則義當晦隱而富貴者此其道有所枉屈故亦曰恥也○論旨前章三年學不至於穀者即篤信好學也因為語其後之所到且以示出處之義也

○子曰不在其位不謀其政 言士當唯素其位分之宜而行其道矣故不在其位則不謀其政可也○論旨卽補前章之餘義

○子曰師摯之始關雎之亂洋洋乎盈耳哉 師摯據史記周厲王時樂官名亂樂之卒章蓋前後兩篇之間其義稍難相關涉者以此濟之故名曰亂也蓋關雎舊唯二章至師摯始作第三章以補之故曰師摯之始關雎之亂也洋洋者謂其詩之情意深切洋溢有餘也蓋關雎之詩意大抵以淑女譬德性之善而以爲君子之所好逑因敎學者求之及其求之雖不得之而寤寐思服若稍小息則輾轉反側矣第三章乃敎其思服久之則至琴瑟友之鐘鼓樂之故使聞之者樂從不厭之思有餘而充盈乎其耳焉故曰洋洋乎盈耳哉○論旨欲敎前數章所言疾貧及驕吝及至於穀及富貴及謀其政并皆以外物爲歡娛使然殊不識人各有其所可樂者在乎其中矣故以承焉

○子曰狂而不直侗而不愿悾悾而不信吾不知之

矣 侗無智也愿者事原其心而行也悾悾無識也狂與侗其義固異而侗與悾則其意不甚遠故特重言悾悾以謂其無識太甚者也蓋於狂者其所取在乎直於侗者其所取在乎愿於悾者其所取在乎信然而各亡其所長者是悖於其性而以常情不可知者故曰吾不知之矣○論旨明人而亡常情者雖誨教亦非所爲用也

○子曰學如不及猶恐失之 言學之當極酔勤勉其心常如不及前者而事之猶且安恐後而遂失之也○論旨此章雖寤寐思服猶恐輾轉反側之旨而明前狂侗悾而失其眞者之其於學問遂不可成是其分也

○子曰巍巍乎舜禹之有天下也而不與焉 言舜禹之保有天下其功業誠巍巍乎高大也然則似其身安享富貴者然而其心猶不有天下者而身不關與富貴之事其德始終如一也○論旨明不唯學問以舜禹之聖而其勉尚常如不及猶恐失之如是也

○子曰大哉堯之爲君也巍巍乎唯天爲大唯堯則之蕩蕩乎民無能名焉巍巍乎其有成功也煥乎其有文章 大哉以其德稱也言行四時成百物其事功巍巍乎高大者唯天最爲至大故人莫能比之者而唯堯則之是以其德與天合一而蕩蕩乎不見其涯際故民唯見其與天同者而無能別於天以名焉然而識者視之堯則天之跡巍巍乎其有成功於民也其成功之迹亦煥乎顯明其有文章可觀也按巍巍乎煥乎皆就其一功業而贊之故文章下特省也字○論旨明雖堯亦身不與焉而唯有恐失之之勉以至於斯也

○舜有臣五人而天下治 五人禹稷契皐陶伯益也明其治多藉其力故曰而也

武王曰予有亂臣十人 亂臣猶言良臣也蓋亂字本有治終而濟之之義故謂可託其終之臣而爲亂臣也十人謂周公旦召公奭太公望畢公榮公太顛閎夭散宜生南宮适其一

人邑姜也孔子曰才難不其然乎唐虞之際於斯爲盛有婦人焉九人而已不其然乎一句提醒法言良才難得何者唐堯虞舜之際於斯僅得五人稱之爲人物盛富至於武王優有十人然此亦以一婦人盈其數中則其難得益可以知矣豈可不謂才難乎三分天下有其二以服事殷周之德其可謂至德也已矣此似與上語不相類者然上言周人物之多陪乎唐虞之次又適論周德所由來之遠者是以不以孔子曰別起耳蓋天下歸文王者六州荊梁雍豫徐揚也惟靑兗冀尚屬紂耳故文王若以其衆攻紂則固易取焉然而尚服事殷者蓋文王之於天下其意惟在從民心以爲之而不在從己以爲之故也其義猶與泰伯德讓以成大王之志者同故謂之至德也○論吉明勤勞於王事之良才難得故可尊又明無己以從人之爲至德也

○子曰禹吾無間然矣菲飲食而致孝乎鬼神惡衣

服而致美乎黻冕卑宮室而盡力乎溝洫禹吾無間然矣菲粗薄也黻蔽膝也冕冠也皆禮服也溝洫田間水道以正疆界備旱潦者也蓋致孝致美盡力皆是美事而人之所難然而禹則已菲飲食而以之致孝享乎鬼神已惡衣服而以之致美飾乎黻冕已卑宮室而以之盡民力乎溝洫是以無所容間議也○論旨明聖人亦無他克薄其自奉而唯盡其可勤以括前數章群聖之事

子罕第九 凡三十章

○子罕言利與命與仁罕者撿覗其跡其事希有之辭也與與及也言夫子平常不言利雖罕言利亦必與之於命若仁而言之曾無孤言利也與命者自天祐之吉无不利之類也與仁者智者利仁之類也○論旨明夫子絕無較利之念故與禹易地則皆然矣

○達巷黨人曰大哉孔子博學而無所成名達巷黨名其人

蓋微者故不記姓名也蓋先大其博學而譏以其博學不能專執故反爲害雖一藝不能成善名也

子聞之謂門弟子曰吾何執執御乎執射乎吾執御矣

此唯爲門弟子語其平素之志故特書謂門弟子也言汝輩以吾爲欲何專執者若言欲執御乎欲執射乎則吾欲執御者也蓋射以傷物爲志御以執轡如組爲技頗似御民人之道故也此即夫子自明大擇善而執也○論旨證與於仁之利也

○子曰麻冕禮也今也純儉吾從衆拜下禮也今拜乎上泰也雖違衆吾從下

麻細麻布也純絲也蓋麻冕功繁絲則功省而今人皆用絲也禮君賜則臣當拜於堂下而今便拜乎堂上也儉者今人用絲者意謂麻清潔非不佳然今而爲之不儉用絲則儉其儉乃今人自儉故特提醒也字而曰今也夫子因謂古所用固禮也今所用亦一道其義之輕重相均不可異於衆故曰吾從衆也此夫子心非敢非古故不曰雖違古也泰者驕慢之謂

而夫子獨斷之爲秦故特曰秦也而不曰今也此夫子本甚重於異衆然義不可已故特示其意曰雖違衆也學者須審詳文理而得其義也○論旨明夫子博學所執之義誠廣大可以師法千載矣

○子絶四毋意毋必毋固毋我絶者物既斷去而無復接連之謂也毋者用心禁之未然之辭意者以意揣度人而事多有矯誣寃枉之弊者是也必者執事預決於未然而必或有蹉跌不中之變者是也固者執往絶今因以緊人而遺善不遷義者是也我者我肆然自恣曾不忌憚而加人蔑物者是也言夫子嘗欲絶四者因每事用心深顧臨其將或有之而早知之每能無之也既曰絶四又每曰毋文頗似重複學者須細辨而得之焉○論旨明夫子從衆及違衆之事誠出乎其至公之義而絶無意必固我也

○子畏於匡畏猶畏厭溺之畏謂不與敵戰而奔也匡蓋鄭邑陽虎嘗暴於匡夫子貌似陽虎故匡人圍之此夫子與諸門人共謀欲脱其圍而奔之時有此語也曰文王既沒文

不在茲乎 文指文王所演周易之道而言之故下曰後死者不得與也若文字器物之文則夫子不得專曰後死者不得與也茲者夫子兼弟子自泛稱也 天之將喪斯文也後死者不得與於斯文也天之未喪斯文也匡人其如予何 言天意若欲使斯文喪而無傳也後於夫子之死而生者不得與聞於斯文也若天意未欲使斯文喪也夫子之命斯文存亡之所繫則匡人不能害夫子明矣蓋夫子以死爲分故以後死言也○論旨證夫子與於命之利且見其無意必固我而天下之至文也

○太宰問於子貢曰夫子聖者與何其多能也 太宰官名蓋吳太宰嚭也問夫子多能以其聖故然歟必有其因也 子貢曰固天縱之將聖又多能也 言天縱授其材將欲其成聖加之夫子又自勉作多能也 子聞之曰太宰知我乎吾少也賤故多能鄙事君子多乎哉不多

也　言太宰及似知吾少也賤故不得已多能於鄙事而言之者子貢則不知而其意以多能爲美也聖人則吾不能雖然夫君子欲多而何爲吾亦嘗不欲多其所欲固不在此也君子以下語大有含蓄

牢曰子云吾不試故藝　牢孔子弟子姓琴字子開一字子張蓋以此補其多乎哉不多之餘意者而關係乎夫子大矣故謹書其名也言吾道不至爲上所試是以不得已以藝立於世也○論旨明夫子不得已而多藝能然其藝能亦必有所擇猶執御之旨也

○子曰吾有知乎哉無知也　此教學者可虛心之辭而言吾心常不自爲有知識者實爲無知識者是以知有能知也下因舉一事以證之　有鄙夫問於我空空如也我叩其兩端而竭焉　兩端者凡物之義必有兩端譬如君臣與父子長幼夫婦及彼我相稱者皆所謂兩端也言嘗有鄙夫問一疑事於我方其時吾中爲之空空如也而我就其所疑問之兩端細叩推其可否既而知竭其事情始得以斷之豈非爲無知而却有能知乎按此毋意

必固我而可能之耳○論旨明夫子其於小加慎猶如此其藝亦所以必至精也

○子曰鳳鳥不至河不出圖吾已矣夫鳳靈鳥舜時來儀文王時鳴於岐山河圖河中龍馬負圖伏羲時出言世既無天文之祥地理之瑞乃知天意當吾已强行道而徒以藝立其可也○論旨明夫子前既以文王之文自任然試猶且不得故有此歎也

○子見齊衰者冕衣裳者與瞽者見之雖少必作過之必趨齊衰喪服冕而衣裳貴者之盛服也此二者皆同有禮者故齊衰者下無與字瞽者樂師也作起也作及趨者皆敬而不敢抗也蓋夫子所敬在其禮與樂不在其少長是以見之雖少必作過之必趨也○論旨明夫子既有已矣夫之歎然其敬崇禮樂之誠信不衰如是也

○顏淵喟然歎曰仰之彌高鑽之彌堅瞻之在前忽焉在後喟然歎聲也彌者語物滿十分之辭鑽者欲深入之意也瞻長視也夫子循循

然善誘人博我以文約我以禮循循遵道之次序也誘者巧教導之意也欲罷不能既竭吾才如有所立卓爾雖欲從之末由也已卓爾其物高堅而特立之貌末者語其物遥距絶逮之辭也蓋人之未學猶正牆面而立既學始知所向矣顔淵既學既進嘗想設夫子教人爲君子之德象而仰之彌高高者高遠比天鑽之彌堅堅者堅厚比地是其爲德固彌綸天地者而顔子學習之間瞻其德象爲在前者既進到其地位則忽焉在後又瞻其在前德象彌高堅者耳是所以其得然者夫子循循然逐次而善從其才以誘人也而其誘人之方博我以文約我以禮博者乃欲到彌高之位也約者乃欲到彌堅之地也而顔子既到及其爲前高堅之一德象姑欲罷休然亦已見其又爲前之一大德象是以自惜不能罷休然其才已竭乎其既後之時矣而瞻其前有所立者又彌卓爾不可動者於是復振其力欲從事之然以其才既竭故末由也已是以喟然歎之其意亦唯賴夫子之善誘也○論旨明以顔子之善學者猶有夫子之聖與天地侔而不

可窺測者也

○子疾病，子路使門人爲臣 夫子嘗爲魯大夫，時已去位，無家臣。故子路使夫子之門人權爲家臣，欲以治其死及葬而隆之也

病間，曰：久矣哉，由之行詐也！無臣而爲有臣，吾誰欺？欺天乎？ 久，久濶之義。言久無之而今復有行詐之事也。無臣以下，就其事而推言子路之意。子路豈欲使吾誰之欺乎，將欲使欺天乎，皆妄作無謂也

且予與其死於臣之手也，無寧死於二三子之手乎？

且予縱不得大葬，予死於道路乎？ 且者，論究其義未細，而轉及他義以語之辭。無乎者，曉其有之辭。言以予意言之，其死於臣之手，與其死於二三子之手相比較，則以死於二三子之手爲所大安。且無臣則無榮葬，然縱其如此，予已有二三子，則亦固非死於道路之事，是甚易知者，而子路何獨不悟焉。蓋異且責之語也。○論旨明夫子雖病間，猶常敬天，且於人事無所不執其義也

○子貢曰有美玉於斯韞匵而藏諸求善賈而沽諸韞者藏之內而俾不見也匵者藏玉之器賈價也沽猶賣也以美玉比夫子之德欲以知其行藏之旨也

子曰沽之哉沽之哉我待賈者也言美玉固當賣之我則其德未成是以今方欲爲美玉而待價者也蓋別於玉而謙言之故用也字○論旨明夫子有德固欲行於世也

○子欲居九夷東方之夷有九種或云近楚之地九字見其欲極居遠此夫子因厭時俗而偶言之也或曰陋如之何子曰君子居之何陋之有言有君子之行者而居之施教化俗則不可以陋目之也○論旨愈見夫子欲行於世之切也

○子曰吾自衛反魯然後樂正雅頌各得其所夫子自衛反魯在哀公十一年年六十有八矣樂言詩三百也蓋詩有風有雅有頌風以施之庶民故徒歌以其土音不備琴瑟也然皆以二南歌之以琴瑟所以見其正也至於雅頌則八音皆備樂之正也夫子以其義

之所全者稱故不言詩而曰樂也以其物之所正者稱之故不曰風而曰雅頌也當時周道已衰詩樂多荒散闕亡夫子周流四方論校其義革正其序久之而後始得全正也○論旨明夫子施教化俗之具莫所不備焉

○子曰出則事公卿入則事父兄喪事不敢不勉不爲酒困何有於我哉　蓋公卿貴者也父兄尊長也事者善事之謂也喪事者哀毀難任非以勉強則事易致脫略乃以其哀毀之餘至周至密能盡其禮此能勉之謂也飲酒過度則爲之困怠乎日所勝任之百事皆不得不廢矣乃預戒之飲不過量此不爲酒困之謂也何有於我者言無罪過以有加於我身也○論旨明夫子平常無所不以禮也

○子在川上曰逝者如斯夫不舍晝夜　逝者與物遷去而無復歸者之義故古多謂去德流不善曰逝詩鄭風十畝之間篇云十畝之外桑者泄泄行與子逝之類是也此

夫子適在川上，因觀其流水曰，人之去德流於不舍，而不自悟者，譬如斯流水去而不復。夫其太甚者與水不舍晝夜同，豈不哀乎。雖然，人之勉善存存者，亦類乎夫水不舍晝夜，抑所以勉學者也。○論旨明禮樂不行之弊不少少矣。

○子曰：吾未見好德如好色者也。

德字當作活字看，謂成德也。蓋周南所云窈窕淑女，君子好逑者，乃借幽閒之淑女，以譬窈窕之天命，欲人以其好色之心，易以成好德之心，寤寐求之，晝夜不懈，以成其德性，實亦因其所有之性而爲之訓導者也。子夏曰賢賢易色，中庸曰君子之道造端乎夫婦，亦皆以是而言者也。夫子憂學者未能服周南所教之義，故言以歎之也。○論旨與前章相應，愈見詩學不可廢也。

○子曰：譬如爲山，未成一簣，止，吾止也。譬如平地，雖覆一簣，進，吾往也。

簣，土籠也。言今有人雖文贍行美，而殆乎成德者，若一善不踐而止

吾止也此誠可不恥而復勉乎雖學行未有素者苟一善踐之而進吾往也此誠可不喜而愈遷乎○論旨即勸勵修德之事也

○子曰語之而不惰者其回也與惰者任其爲而氣不勸也蓋夫子敎學者之道固有次序即設其道指之曰之也而其序始易而漸難然而顏子愈難而愈不惰故曰而也不惰者勉強之謂也○論旨此章與前顏淵喟然歎章相應以明顏子蓋如爲山常進而未嘗自止亦唯以其好德如好好色故也

○子謂顏淵曰惜乎吾見其進也未見其止也顏子死後夫子謂之言吾見其日進一日一日也未見其欲止而自止也蓋惜使顏子不早死則其所成之高大不可限量也○論旨即與前二章應愈見學之成在乎其勉強之矣

○子曰苗而不秀者有矣夫秀而不實者有矣夫穀之

始生曰苗吐華曰秀成穀曰實苗者譬資質聰慧者
也秀者譬文成成其辨智也實者譬默識躬履成其德
也矣夫者蓋有故而使察其有無之辭言苗而不秀
者本無之夫學者則亦有類此者矣既秀而不實者
本無之夫學者則亦有類此者矣蓋以勸勉學者自
止而不進者也○論旨前章夫子惜顏子此章因又
惜學者無不可
成者而自止也

○子曰後生可畏焉知來者之不如今也四十五十
而無聞焉斯亦不足畏也已矣矣字從何晏本尊畏也言後生者譬猶
苗之可秀又可實其他日之所成因其勤勉如何不
預可限量且以何定知來者之不如我之今日故曰
可畏也然如四十五十既可秀既可實之秋而無堪
傳聞其秀實者則其人遂不能秀實可知而已故曰
斯亦不足畏也○論旨申述
前章其勸學愈益凱切矣

○子曰法語之言能無從乎改之爲貴巽與之言能

無說乎繹之爲貴說而不繹從而不改吾末如之何也已矣

法語者先聖王常以爲法則之語故以是告之則人皆不能不從然其所貴不在從唯在從而改之也巽與者容受而權與同於彼之言故以是則其人必悅之然其所貴不在徒悅唯在尋繹其言而不失其善也蓋令從之令悅之者乃師教之力改之繹之者乃獨自之事故如不繹不改者則雖夫子之善教者末如之何也○論旨此進德之法而且明前章後生可畏之言即巽與之類也四十五十而無聞之言即法語之類也

○子曰主忠信毋友不如己者過則勿憚改

解已詳前○論旨明君子教人之法不以此則不足益人且專爲巽與之言補其義故特無友作毋友以示其主意焉

○子曰三軍可奪帥也匹夫不可奪志也

蓋帥者三軍所設立故雖衆守衞之猶可奪取也志者匹夫所自有故雖獨所執不可奪取也志者即指言主忠信者之志志

之可尚蓋如斯情者須與起焉○論旨即明忠信之用也

○子曰衣敝縕袍與衣狐貉者立而不恥者其由也與

敝謂古而壞也縕枲著也袍衣有著者也衣之賤者狐貉以狐貉之皮爲裘衣之貴者言以至貧對至富曾不介乎其意者唯子路可能也

不忮不求何用不臧

此詩邶風雄雉篇之語忮者心常抱猜疑也求者願得其物而以從其事也臧者執事順成之義也此夫子因稱子路又引之言苟如子路不忮求富貴名利而用此心以有爲則凡百事靡不臧者焉矣

子路終身誦之

子路欲終身誦此詩以不怠也

子曰是道也何足以臧

言是詩僅訓入德之道也終身止於此則其德遂不可得成何足以止於此曰臧也○論旨明前章匹夫不可奪志者其心舍名利也子路舍富貴亦固進德之道也

○子曰歲寒然後知松柏之後彫也

歲寒譬飢寒困窮難忍之時也

從彫。譬其操行不敢變衰也。蓋君子平常之所務多
在其心，故其德不易見。事變之所爲專在其身，故其
德易見也。君子操行固非有異於平常與事變，但於
人之所見，或知或不知耳。○論旨明不忮不求富貴名
利者，而斯操
行始可能也。

○子曰：知者不惑，仁者不憂，勇者不懼。言同是一難事，而知者則
知其處難之方，故不惑而行焉；仁者則以行難爲其
常，故不憂而行焉；勇者則以趨難爲所任，故不懼而
行焉。其德不同，而其所到則一也。○論旨即明遭歲
寒事變來，人或惑或憂或懼之事，而三者皆可能後
彫
也。

○子曰：可與共學，未可與適道；可與適道，未可與立；
可與立，未可與權。權者，謂因古之經而緯今之事也。言可與其人共學詩禮之文，然必
非篤志之士，則未可與適從其道；可與適從其道，然
必非信之深、執之誠者，則未可與以其道強立；可與

以其道強立然必非知變通權輕重者則未可與以其道權合諸世變之宜也蓋學至於權則與道一矣是以爲最上焉○論旨明學之序不可不知仁勇兼有焉

○唐棣之華偏其反而豈不爾思室是遠而子曰未之思也夫何遠之有

詩逸詩唐棣一說云即棠棣俗呼棠梨可從蓋以其花密比而荒唐附遠爲名也偏猶僻也兩而字意各在其句頭詩意學者疑天命之難致因先證己與命相遠之意日雖彼唐棣密比之華而亦偶有其花乖離偏反者己正同之我非不思欲天命而唯其所在之室相遠是以不能也夫子因評之日是其人未之切思也苟切思則夫天命何遠之有也○論旨明前章自共學至於與權其間似距絕然殊不然能思則亦不甚遠且可與權之地位非知命則不能故以承此其勸學親切至矣

鄉黨第十 凡十七章

○孔子於鄉黨恂恂如也似不能言者。於者有別於他之辭恂恂猶循循也鄉黨者父兄宗族之所同在故夫子常唯順從父兄長上所欲之意而未嘗敢自專是以宛似不能言者也

其在宗廟朝廷便便言唯謹爾。便便自由貌宗廟朝廷者士君子服政勤職發慮出謀所當事事之地故夫子毅然當任便便言之然亦未嘗敢妄發縱出誠唯謹爾

朝與下大夫言侃侃如也與上大夫言誾誾如也。侃侃與合音近侃侃其情意相待而相恃之意也誾誾心憚言而僅盡其所思之意也以上記夫子隨其所稱高下而其唯謹之間其氣象又有別也下大夫分卑而且與夫子爲同列是以其言語應對之間是非直指可否明辨覈之猶已故侃侃如也上大夫位尊是以其言是非委婉而以出之辨可否曲順而以發之故誾誾如也

君在踧踖如也與與如也。踧踖猶縮蹙也與與一委其命而不自作之意也夫子敬畏其君是以遇君在則爲君尊所壓而其顏色容貌踧踖如也當其言事則一

唯欲待君命而奉之故與與如也○論旨此篇紀夫子之容儀狀貌以備盡其文德溫藉之形象欲學者思之以得焉而此章先明夫子在國在鄉言貌之氣象隨地不同乃前篇所謂權之至善者而抑誠知天命之所致也

○君召使擯色勃如也足躩如也擯所接賓者也勃如者氣動而色變也躩如者足盤辟而不敢亟進也蓋賓至君使召孔子於衆臣之中使迎賓於是夫子更起敬畏之心其受命之時色勃如也其進迎之時足躩如也揖所與立左右手衣前後襜如也趨進翼如也襜如言衣前後如襜惟垂不動也翼如言其趨進如鳥將飛而振翼也時夫子爲次擯居中左則傳君言往揖下人左其手也右則傳賓言復揖上人右其手也以兩手推向左右如身不搖動故衣前後整齊而襜如也而其所立處相去遠故趨進然不因其急而亂其整齊是以翼如也賓退必復命曰賓不顧矣禮賓退主君送出門外再拜賓避去君命

擯送而他擯或不必復命夫子則必復命以畢其禮也以不顧告者此其送但從賓後故夫子瞻望其背視之不移是以明見其不顧而後告之敬其幽亦至也○論旨此記孔子爲君爲擯之容者而以明夫子氣平體和不因急遽而成威儀之不整也

○入公門鞠躬如也如不容鞠躬謂極曲小其身體也夫子入公門其嚴敬之至容貌極恭視瞻專一而鞠躬如也故立不中門其心宛如冒進於狹隘不相容之地者也

立不中門行不履閾門兩旁植木曰棖兩扉合處置橛室扉曰闑闑即居中也不中門者由左右棖闑之傍而不當棖闑之中央蓋不敢尊大也閾門限也不履之者蓋非爲履之設也二句即實鞠躬如之容也

過位色勃如也足躩如也其言似不足者位君之虛位也君雖不在過之猶在是以色勃如也足躩如也凡群臣入者于門堂會集熟思然後入方過位之時或有因此而言者亦以敬其位之故不敢專意盡其言是以似不足者也

攝齊升堂鞠躬如也

屛氣似不息者攝總持之意也齊裳下邊也將升堂以手收攝裳下邊以避足升也屛猶藏也息呼吸也既升近君恐氣息之觸犯故似不息者也出降一等逞顏色怡怡如也沒階趨翼如也復其位踧踖如也等階級也逞者舒發屈者之謂也怡怡神情暢爽也沒階下盡階也出堂降階纔下一等則遠所尊故怡怡如也既沒階則疾行就堂下序立之位其間翼翼如也既復其位則復待君命是以心不敢寧貌不敢舒而踧踖如也○論旨此記孔子入朝之容者而以明夫子周旋中禮從容如道也

〔一〕執圭鞠躬如也如不勝上如揖下如授勃如戰色足蹜蹜如有循圭者天子分封諸侯則削玉爲圭頒以爲瑞節聘問乃使大夫執以通信勝下略重字如不勝其重也上如揖者謂以左手在圭上拱讓之下如授者謂以右手在圭下承送之皆敬慎之至也勃如戰色者其顏色變如戰慄色也蹜蹜步間促狹也如有循如循物而行以防或蹶也

享禮有容色享獻也既聘而從享禮有容色者乃發氣滿容也私覿愉愉如也覿見也愉愉喜悅有加也既公事畢而以私禮見愉愉如者展私好也蓋聘禮敬爲始私覿和爲終享禮則敬兼和也○論旨此記孔子爲君聘享鄰國之容者而以明其於大小禮咸靡所不宜也

○君子不以紺緅飾紅紫不以爲褻服前數章皆與公對稱故以孔子冠之此章以下率屬夫子一己事故內而稱之更曰君子也紺深色由赤入黑曰紺蓋赤色黑者考工記三入爲纁五入爲緅七入爲緇玄在緅緇之間褻服近膚服也蓋紺緅玄緇黑赤者天地之盛色而朝祭正服多用之故不以爲衣緣飾其外也紅紫當者間色而艷麗近娍媚故不以爲褻服並其內也

暑袗絺綌必表而出出字下一有之字非是皇本何本無今從之袗單也葛之精者曰絺麤者曰綌凡禮衣皆單當暑亦不敢略而單其單但用葛以表之蓋與時令協也出出門也在家則不必然也

緇衣羔裘素衣麑裘黃衣狐裘羔黑色羊也麑鹿子色白狐色

黃皆取其色之稱也

褻裘長短右袂

袂袖口也褻裘燕居之裘故比諸禮衣則長之長欲其溫也右袂較短便作事也

必有寢衣長一身有半

必必要也優複足而以防寒也

狐貉之厚以居

狐貉毛深溫厚于燕居宜也

去喪無所不佩

玉藻云凡帶必有佩玉唯喪否君子無故玉不去身自天子至士皆佩玉以象德也去喪平居也無所不佩必佩也

非帷裳必殺之

帷裳禮服之下裳即端屬用正幅連續如帷近腰處襞積使狹今之裙也他裳則必殺蓋省費從儉也此與寢衣映見寢衣之非出於奢也

羔裘玄冠不以弔

問喪曰弔弔必變其吉服者嫌似不體恤人之哀也

吉月必朝服而朝

吉月月朔也朝服緇衣也凡吉禮衣色皆尚玄纁其服色必從其正也

齊必有明衣布

明衣齊時沐浴後所著清潔之衣也用布者尚質也至敬無文不言色承上亦玄也禮齊冠用玄則衣亦用玄可知耳○論言此記孔子衣服之禮者而先明曲禮之大者也

○齊必變食居必遷坐　變食變常食也如不飲酒不茹葷之類以潔其氣也居致齊三日居于內也遷坐坐易常處也如不宿于內之類以易其心也

食不厭精膾不厭細　食飯也精鑿也膾細切肉也厭猶嫌也食精則味淳而能養人膾細則易消化而不傷人故不以爲貪奢也

食饐而餲魚餒而肉敗不食色惡不食臭惡不食失飪不食　饐飯傷熱濕也餲味變也魚自內爛曰餒肉自外腐曰敗色惡臭惡魚肉未敗餒而其色臭變也失飪謂失其烹調生熟之節也以上皆恐其傷人也

不時不食割不正不食不得其醬不食　不時者謂凡食品不當可食之時則雖有不食也割不正者謂肉割處不正恐其肉已腐敗矣故不食也醬者交肉而宜和食者其醬與其肉不得其宜則亦恐傷人矣故不食也

肉雖多不使勝食氣惟酒無量不及亂　人之元氣資穀以養肉味輔之肉氣勝則滯穀氣故肉品雖多不使勝穀也蓋飯肉皆有量限惟酒無量限以不及

亂儀爲度也沽酒市脯不食沽賣也乾肉曰脯沽賣之酒市肆之脯皆或不潔故皆不食也不撤薑食不多食薑氣味辛香能散食氣故不與餕同撤而食然亦特其薑不敢多食也祭於公不宿肉祭肉不出三日出三日不食之矣助祭於公所賜胙肉歸則烹而薦之熟則先嘗而頒之不過夜也家廟祭肉祭畢輒頒大約不出三日如出三日則肉敗而人不食之故也食不語寢不言食不語謂方含哺時不與人交語不失容且防喓噎也寢不言不失晦息之常也雖蔬食菜羹瓜祭必齊如也瓜蓋必字誤古人祭食祭始爲食者蓋不忘本也夫子雖薄物必祭其祭必極恭敬如居齊之時也○論旨此記孔子飲食之禮者而即以次前章之曲禮也

○席不正不坐謂雖偶坐身必與其所布之席相正而坐也○論旨明夫子之所宜不止衣服飲食也

○鄉人飲酒杖者出斯出矣杖者老人以杖自扶者也禮六十杖於鄉飲酒即鄉飲酒或射或賓與或蜡或尋常燕集也鄉人尚齒故夫子進止一視長者隨人隨出不先不後也

鄉人儺朝服而立於阼階儺者恐其氣之來有害而內自驅除之名也蓋月令歲有三儺惟夏不儺以陽氣正中也季冬陰氣方盛天子乃命天下大儺以逐寒氣周禮方相氏掌之阼階東階也夫子之家預其所逐氣之戶列者而鄉人之所行乃鬼神之事矣故夫子敬其事而朝服且賓鄉人是以自擇立於阼階故插於字也○論旨明夫子於鄉人無所不加敬而安也

○問人於他邦再拜而送之問猶遺也詩云雜佩以問之凡問人者必有以遺之再拜乃爲所問之人非拜使者也於字旨見不加敬如此亦似無害者而然○論旨明夫子所敬不惟鄉人其於交遊敬幽亦如此也

○康子饋藥拜而受之曰丘未達不敢嘗饋惠贈也康子大夫

故夫子敬之不敢忤來意拜而受之也未達言未達知其藥能也不敢嘗以情實告也○論旨明夫子直實而不欺人是亦敬也

○廐焚子退朝曰傷人乎不問馬　馬室曰廐蓋夫子之家廐誤焚也退朝自公朝退也廐焚則馬傷爲必有之事而唯問傷人乎否不問馬者雖怒卒間其平日愛人之至誠偶然發見者也○論旨以明夫子之用敬出乎其至誠也

○君賜食必正席先嘗之君賜腥必熟而薦之君賜生必畜之　食餕餘而賜所食之餘也故不以薦正席敬君賜也先嘗後頒賜以廣君惠也腥生肉也熟而薦之祖考榮君賜也生牲也畜之仁君賜也　侍食於君君祭先飯　祭祭豆間也禮凡食必祭賓主敵則賓先祭臣不敢祭而先飯也　疾君視之東首加朝服拖紳　東首不敢以足向尊者所來入也身加朝服拖大帶其上如平時見君然也　君命

召不俟駕行矣大夫不可徒行然以君命召則亟趨不俟駕也○論旨此先嘗之者與前不敢嘗相反映以明夫子事君而敬之逈別也

○入太廟每事問解已詳前○論旨此承敬君之義而以明夫子敬國典謹愼之至也

○朋友死無所歸曰於我殯朋友客死無所歸葬者權代其所親爲殯若所親無人則夫子亦爲葬也

朋友之饋雖車馬非祭肉不拜朋友死生患難相救助即於我殯之類是其爲大義如夫所饋者雖車馬尚此爲通財之常義是故不拜也拜祭肉者特敬其祖考也○論旨此不拜饋與前拜康子之饋相反映且明夫子與朋友交之義也

○寢不尸居不容尸者神魂所去之餘骸也不尸使神存其中也不容自足故不須整容儀也

見齊衰者雖狎必變見冕者與瞽者雖褻必以貌狎謂所親狎者褻謂燕見此以下即承不容要雜言其所變常者而其文意與前篇所言大不同讀

者須細辨焉此言見可哀者輒忘狎而變顏色見可敬者輒忘褻而改容貌也　凶服者式之

式負版者　式車上之禮憑軾致敬也負版版持邦國圖籍者也凶服者哀其有喪故此其所式爲其人也負版者重其民數故此其所式爲其版也其事本不同故轉文法耳　有盛饌必變

色而作　盛饌非大燕饗而盛陳飲食故必變色以示不安也作不坐也禮有折俎則不坐今盛饌卽折俎故不坐也　迅雷風烈必變　迅者其急疾出於意表之義也烈猶猛也迅雷風烈皆天之怒氣而夫子心常敬天故爲之變常也○論旨此章率皆明從無意處窺見夫子周旋中禮者也

○升車必正立執綏　綏挽以上車之索也御者先升以綏授尊者其待綏之間必頓而必正立所以存敬也執綏以其習於常不敢慢必謹如禮也　車中不內顧不疾言

不親指　蓋有所疑則內顧有所怒則疾言有所欲則親指車中衆之所瞻視恐以驚惑人故雖久坐之間亦必正坐如禮而不爲此三者也○論旨承前式之記孔子升車在車之容者而以上率多曲禮

中之有徵
意者也
○色斯舉矣翔而後集二句蓋逸詩雖見人之貌色而能高舉矣舉則當遠去
然翔飛而後復集其勢稍緩不漸復疑曰山梁雌雉
故人乘其緩怠之時而弋之則必獲也
時哉時哉子路共之三嗅而作山梁山溪之梁上也共供同鼻審氣曰嗅
夫子誦詩歎之言其可弋獲之時蓋喻人漸親漸褻
其心怠氣弛之時其人物可觀也子路誤以為夫子
欲之獲因弋而拱之夫子則意子路以此徵己故三
嗅而享其氣然夫子固不為食之故嗅猶盛饌示不安
而起立也○論旨此章特總括一篇明觀夫子之聖
德不唯鄉黨朝庭又當於其燕居從容振飾欲弛之
時求之而
以學習焉

論語講義卷之二終

論語講義卷之三

日本 越前 田中順大壯 著

先進第十一 凡二十六章

○子曰先進於禮樂野人也後進於禮樂君子也先進後進謂先輩後輩之學者野人君子以尊卑言也蓋禮樂者文質彬彬之教而先進於禮樂學之內專主德義是以其質勝視諸後進之文者則其質朴猶郊野人之卑也後進於禮樂學之外專務文飾是以其文勝視諸先進之質者則其文彩猶士大夫之尊也如用之則吾從先進言如試論用此二者於世則吾從用先進之說也○論旨承前篇記夫子平生禮容儀度之詳而以明夫子之志專在質不在文而文質自彬彬也

○子曰從我於陳蔡者皆不及門也不及猶學如不及之不及也夫

子厄於陳蔡之間魯哀公四年也言從我於陳蔡窮阨而不敢辭之諸子者皆以我已老恐不及畢吾門教是以共甘窮阨從我也蓋追憶其篤志而美之也

○論旨卽承前章欲明孔門亦有先進後進各異其趣因先作之地

○德行顏淵閔子騫冉伯牛仲弓言語宰我子貢政事冉有季路文學子游子夏此記者選從陳蔡諸子中以其材著名者分之爲四科也非夫子之門設此四科以敎其人也蓋詩書禮樂質之躬履則德行宜之口辨則言語施之日用則政事傳之道義則文學要之十子異稱乃其所用之別也而夫子則一欲德行如顏閔耳如言語政事文學非必所別講也○論旨卽明德行是先進之徒言語政事文學是後進之徒也

○子曰囘也非助我者也於吾言無所不說助助言也蓋知施於人行務於人者於夫子之言至言則贊之戲言則質之或必有不悅焉惟顏子則大異乎此知止於

己行在於己是以能體會夫子之意而無所不悅苟非德量有餘則固不能也○論旨先見顏子德行卓越如諸子三科輩遠非所及也

○子曰孝哉閔子騫人不間於其父母昆弟之言間隔也言人於言閔子之父母昆弟之事不與閔子隔異凡事之可否得失皆同稱之無以閔子獨爲賢以父母昆弟別爲不賢之事也是閔子誠善承順父母之志者故曰孝哉也○論旨前章顏子則善體知師之意者閔子則承順父母之志者乃德行所以同班也

○南容三復白圭孔子以其兄之子妻之詩大雅抑之篇曰白圭之玷尚可磨也斯言之玷不可爲也南容平常再三反復此語以深自警戒也特稱孔子者見其貴重之意也○論旨明德行之本在乎慎言顏子閔子亦唯寡默故能如斯也

○季康子問弟子孰爲好學孔子對曰有顏回者好

學不幸短命死矣今也則亡問同與哀公同而對有詳略者君臣異其義也○論旨明好學者獨可以德行如顏子徒者稱之如諸子三科文勝者則未可謂好學也學者須反覆思焉

○顏淵死顏路請子之車以爲之椁顏路顏淵之父名無繇椁外棺也古人殯於西階上多用車以爲椁便於避火災也此亦欲用以爲椁也子曰才不才亦各言其子也鯉也死有棺而無椁吾不徒行以爲之椁以吾從大夫之後不可徒行也鯉孔子之子字伯魚言鯉之才與顏淵之才固難比言然言其情則各其子也顏淵之葬宜以鯉之葬一率之而可也大夫乘軒徒行非禮也夫子嘗爲魯司寇從後謙辭猶言備員也○論旨見夫子不爲顏淵假其器乃其稱好學之不虛也

○顏淵死子曰噫天喪予天喪予噫者歎出於意外之辭喪猶喪兵喪財之喪也夫子視諸弟子唯顏子學德純實足以能纘夫子之緒以施于斯民以垂之後世矣而今顏子

早夭無復可賴故連言以痛歎之○論旨明夫子所愛顏子無他唯爲道也

○顏淵死子哭之慟從者曰子慟矣慟過哀而氣昏絕也夫子慟絕從者救而始蘇因告以其慟欲其不復過哀也曰有慟乎非夫人之爲慟而誰爲夫子因自不覺其慟故曰有慟乎因語其宜爲顏子慟之由也稱顏子曰夫人者暗指其德行卓出也爲慟間略其死二字誰爲下略其死慟三字○論旨見夫子喪顏淵雖不過於禮而於哀則過矣

○顏淵死門人欲厚葬之子曰不可門人孔子門人也蓋顏路家貧不能理其子喪夫子之家爲辨之葬事者而門人相議欲厚葬之以稱夫子愛其平生之情也然顏子之於夫子有役則趨有難則赴之類是視夫子猶父也夫子之家亦非饒給故其葬亦欲視猶子而如嘗葬伯魚之時如夫厚葬不稱家之有亡則是財過於情不親以其實者故夫子不可之也門人厚葬之門人誤意夫子或嫌獨厚顏淵而不可之其實必欲厚葬故遂爲之也子曰回也

視予猶父也予不得視猶子也非我也夫二三子也

此夫子視死者猶生者爲顏子語其情言此厚葬非我之所欲也二三子不違我情者之所爲也○論旨前章夫子哭顏淵情至哀極而此又接以不可厚葬乃夫子雖過於哀曾不過於禮之義愈加明焉

○季路問事鬼神子曰未能事人焉能事鬼敢問死曰未知生焉知死

問事鬼神者問欲體天地鬼神之心而不違也蓋鬼神者正行天命於人者人者當奉天命自順者故人苟得能順天意以事之則亦得以能事鬼神而子路未能事人也問死者問知死而可之義也蓋人常奉天命以得今之生者故他日之死亦當奉天命以死若知生則知死而子路未知生也人鬼死生其致一矣是以夫子姑答之云爾○論旨前章夫子視顏子死猶生因明其事達人鬼死生之說而然者也

○閔子侍側誾誾如也子路行行如也冉有子貢侃

侃如也行行好欲行獨意之意也閔子篤行謹愼故
其言事常唯人所聽是以誾誾如也子路性
急氣馳故其言事必欲如己意是以行行如也冉有
子貢其材各有所長常用其所長故其言事是非明
辨是以侃侃如也蓋此四子
於言同一事而有斯異也　子樂若由也不得其死
然據漢書疑樂字是曰字之誤也言獨若由之行行
如者與人逆戾又不順乎命故不得其死之天然
也○論旨前章子路問事鬼神及問死皆非今
之要務而敢問之卽行行如之一事故以承焉
○魯人爲長府長府府名藏貨財之室也爲謂爲下變
置長府議之時也初魯昭公與郈昭
伯謀伐季氏公居長府事不克公奔晉
季氏恐其復爲發難之地故議變置也　閔子騫曰仍
舊貫如之何何必改作言長府雖因承舊所慣熟之
事苟己無爲惡則人如之何
然而必議改作是智量狹　子曰夫人不言言必有中
闇之所爲徒勞民而已
閔子所言本微含譏諷故夫子恐人不能曉之因曰
彼閔子篤行常不多言儻言必有中其病而後言之

聞者不可不爲省繹也○論旨
此章即閔子誾誾如之一事也

○子曰由之瑟奚爲於丘之門瑟猶必也物有所執而不易之義子路或迂夫子或不說夫子之類皆即瑟者也言由多以己所見自爲是則是無意於受教者然而奚爲猶於丘之門執弟子禮乎蓋爲子路斥其器量有所未弘受以爲不屑之教誨也門人不敬子路門人以意子路不敬故然子曰由也升堂矣未入於室也夫子因解非由其不敬而然也蓋室者內事之所在因踰禮義之原所出之處也堂者外事之所在因踰禮義發見乎人之處也子路超出於人既升堂矣故見夫子禮義之顯明者則信之甚深亦非諸子所敢及然未入於室故見禮義之精微者則未能之察而致似此不敬非敢不敬也○論旨此亦子路行如者而足以知其爲人故
承以此

○子貢問師與商也孰賢問其於處同事孰賢也子曰師也過

商也不及蓋夫子之教文質彬彬行必要中正而子張為人氣象揮霍其於道決然進取不復內顧是以易過中正故曰師也過子夏為人性格局謹其於道動生疑惑不復外伸是以易不及中正故曰商也不及然二人各有其僻則亦固無優劣也曰然則師愈與子貢以為過者惟能用心慎止於其中則可能故易為之不及者則心雖欲之能其力不能及故難為之因復發此問也子曰過猶不及子貢所言非無其理然其為人亦易過中正故言其不易以戒之也○論旨子貢之問即況況如者而又見苟非入室則不可能中正也

○季氏富於周公而求也為之聚斂而附益之周公受魯百里之封然分田制祿公私有定數非一人之有也季氏四分公室特有其二故謂季氏之富過於周公也哀公十一年季康子為政用田賦冉有之謀也冉有附益之事即謂此也記者明季氏大富是以不必意聚斂而唯冉有為求媚要譽附益之也子曰非吾徒也小子鳴鼓而攻

之可也聚斂之事固聖人之所惡而雖庸常之士所不
欲爲故曰非吾徒也小子衆門人也鳴鼓者
聲其罪也攻猶討也此專誅冉有心術之非耳○論
旨此冉有況況如之應而其用之不善於夫子所教
中正之道大
相過者也

○柴也愚參也魯師也辟由也喭柴孔子弟子姓高
字子羔愚者當知
而不能知之謂也魯者其知不能敏之謂也辟僻同
與正當違戾之謂也喭者言多作扞拒之謂也此爲
夫子之語不待言而明者故略子曰二字也四子勤
有此病故夫子語其所短以戒愼之蓋教柴以不疑
惑也教參以可斷決也教師以希中正也教由以尚
默思也○論旨見愚魯即不及辟喭即過者而四子
於受夫子中正
之教有此病也

○子曰回也其庶乎屢空賜不受命而貨殖焉億則
屢中庶庶幾也空謂虛心也貨殖者以豊財譬好長
智識也億者憑空思度之謂也言唯如回者其

庻順受天命乎何則能屢得虛己心而以從彼故也賜則不思受命而欲求之已智識是以不能受命然以其天資聰慧故億度則其言及中義偷合天意而其所事非方是大可惜也○論旨見天命即中正之所在而獨顏子非諸子之品類也

○子張問善人之道子曰不踐迹亦不入於室 問得爲善人之道也 蓋善人者其人忠信唯好遷善而未至君子之域者故對君子曰亦也言君子無論雖善人亦苟不追踐其行事之跡以學之則不能入善人之所爲善人之奧室也○論旨明踐跡即入室之法也

○子曰論篤是與君子者乎色莊者乎 言今取人不察其心與行篤否而一唯議論之篤是與則其人果實君子者乎但其色莊飾者乎未可知也○論旨明踐跡則得入室然心形不俱則亦不得入也

○子路問聞斯行諸子曰有父兄在如之何其聞斯

行之。冉有問聞斯行諸。子曰聞斯行之。（蓋所問辭同而其意異。故夫子異其答也。）公西華曰由也問聞斯行諸。子曰有父兄在。求也問聞斯行諸。子曰聞斯行之。赤也惑。敢問。（卽惑其答不同也。）子曰求也退。故進之。由也兼人。故退之。（兼人謂強使人與己意相分也。蓋人之有聞者其言之善可知矣。而與父兄共行之。乃爲得其宜。然冉有意謂爲父兄在難得行其所聞。其志氣屈退無勇於行聞。故進之。恐失其善也。子路意謂苟有聞則父兄有所不顧。其志氣兼人勇於行聞。故退之。恐害父兄也。○論旨見二子各有所蔽而心形不俱。故不得中正也。）

○子畏於匡。顏淵後。（避難急忙中相失而爲後也。）子曰吾以女爲死矣。（言吾意汝惡畏而爲死也。）曰子在。回何敢死。（言子在卽吾可師法者在焉。固何敢私意惡畏而致死乎。○論旨明顏子一視夫子之進退而心形相俱。故得中正也。）

○季子然問仲由冉求可謂大臣與季子然季氏之子弟也問如二子之材者可以爲大臣稱與子曰吾以子爲異之問曾由與求之問言吾意子或爲奇異非常人之問不圖爲由求庸陋人之問也蓋大尤其問之失當所謂大臣者以道事君不可則止言古之大臣者以仁義道事君不可其行則止而不復仕也今由與求也可謂具臣矣謂二子唯上所欲而僅可供一用之器也曰然則從之者與反接不可則止句言雖不可之大者從之者與子曰弑父與君亦不從也言如弑逆大惡之事則二子亦平常有所學故足以知其不從之也○論旨見二子以急於仕故不得如顏子唯顏子當以中正而能大臣之事也

○子路使子羔爲費宰使上略將字子路爲季氏宰時欲舉之也子曰賊夫人之子蓋子羔卒學則當得成美德今未熟習而一仕則必苟作偷合有大患生矣是賊害其

〔可成者而使不成也故夫子云爾〕

子路曰有民人焉有社稷焉何必讀書然後爲學〔言爲費宰則或有與民人之大事或有與社稷之重事是使子羔從學於實事也不必讀詩書之空言而可也〕子曰是故惡夫佞者〔此夫子謂子路爲佞者言吾平常惡佞者無他正如子路姑息之言苟且之事遂以賊人故也○論者見著子不能如顏子者專由乎急仕不能優學也〕

○子路曾晳冉有公西華侍坐〔曾晳曾參之父名點〕子曰以吾一日長乎爾毋吾以也居則曰不吾知也如或知爾則何以哉〔一日謙辭長猶君長之長謂爲之師也吾以下略挍言其志三字言吾意汝輩以吾一日先學而師長乎爾故憚之毋語言以言其志也然汝輩平居則毎日不吾知也假如爲或知爾者則何志以能諦之哉嘗試言之〕子路率爾而對曰千乘之國攝乎大

國之間加之以師旅因之以饑饉由也爲之比及三年可使有勇且知方也夫子哂之子路素願言之者故無所顧而率爾直對也攝者兩挾而欲相取之意也言其平常爲左右大國窘迫日甚之國也以師旅者出師旅用干戈而其外務危急也以饑饉者五穀不登民多饑莩而其內事困極也爲之謂爲之長也有勇者使師旅難作振者有勇力也知方者使饑饉易矣信者知義方也哂口閉而笑也求爾何如對曰方六七十如五六十求也爲之比及三年可使足民如其禮樂以俟君子冉有意謂己材恐不足如子路爲千乘之國惟小國則爲之然又不能如子路使有勇且知方但使其衣食足則能之矣衣食既足而後至如禮樂化之亦固非己所能故俟君子也赤爾何如對曰非曰能之願學焉宗廟之事如會同端章甫願爲小相焉宗廟之事謂祭祀也諸侯時見曰會殷見曰同

爲玄端也章甫殷冠名公西華意欲使兩國息干戈偃兵革以成其和好而已爲其會同相禮者遂至典禮樂之治然嫌自居高故謙云非曰能之願學焉言小者亦極謙之也

點爾何如鼓瑟希鏗爾舍瑟而作對曰異乎三子者之撰子曰何傷乎亦各言其志也曰暮春者春服既成冠者五六人童子六七人浴乎沂風乎舞雩詠而歸夫子喟然歎曰吾與點也

鼓瑟希鏗爾五字挿希間歇也鏗瑟聲也方夫子問於三子之時鼓瑟音希其聲時響鏗爾也蓋點意初不屑聞三子之所言是以鼓瑟然却又恐其聲多而亂其語故希鼓也記者先寫出其氣象神妙舍猶置也作起也三子者之撰者三子撰其辭而所言之志也何傷者無傷言志趣之異也暮春者之者字擇温暖之時也春服單袷之衣也冠者童子皆取其氣輕儇脫灑也浴浴身也沂水名風謂風以乾其浴也舞雩禱雨處有壇墠可群集也詠歌也歸返也蓋三子者之言皆有所希於世待

於人者獨曾皙脫然不顧自樂其樂耳夫子所望乎諸子本欲有曾皙脫俗之心而優游以學焉而三子者皆不能然僅有一曾皙而已是以喟然發歎以與之也三子者出曾皙後曾皙曰夫三子者之言何如問夫子所品隲三子之言何如也子曰亦各言其志也已矣言三子之言雖有小異亦其趣不遠皆不過各言其志也曰夫子何哂由也曰爲國以禮其言不讓是故哂之唯求則非邦也與安見方六七十如五六十而非邦也者唯赤則非邦也與宗廟會同非諸侯而何赤也爲之小孰能爲之大子路之言僭然自任擅妄甚矣如冉有公西華雖以謙辭發之而其意乃在不讓者故夫子併譏之也唯赤以下言唯於赤一人聞其言而對子路強謙之是以其強謙不可掩也爲之小以下言彼以其平居曰不吾知之心而爲之小則孰敢曰吾能爲之大而出之上哉夫爲國貴讓而三

子之言要其旨皆將不用夫讓者是亦夫子所以不與也○論旨專見學者所可以爲心也

顏淵第十二 凡二十四章

○顏淵問仁子曰克己復禮爲仁一日克己復禮天下歸仁焉爲仁由己而由人乎哉克者難勝而能勝之義也復猶言可復之復也言內克私己之心外履禮義之道是爲仁而此其務宜在平常設就有事之一日言之古人有一日克己復禮天下歸仁名於其人焉如伯夷之倫是也然則仁爲克己復禮之義明矣雖然爲仁之務唯專由於其身克己復禮而不由其爲人有功之多寡也顏淵曰請問其目顏子旣聞仁專由己然未審其可最著力何地故請問其目也子曰非禮勿視非禮勿聽非禮勿言非禮勿動非禮者謂其心知爲非禮之事也勿者勉強而自禁止之意也凡視聽言動者人之所常爲而或慢忽不省於是勉強努力則常常莫不克己復禮之事乃爲仁所以由

（己也）顏淵曰回雖不敏請事斯語矣（此尤緊要之言而且非容易所能故云爾○論旨前篇末章抑狗外此篇因先教自正可責而仁以勉強於中爲主也）

○仲弓問仁子曰出門如見大賓使民如承大祭己所不欲勿施於人在邦無怨在家無怨（蓋出門不侮人其極恭如見大賓使民欲得心其極敬如承大祭恭敬如此則忠也己所不欲人亦不欲而如施之則人必怨矣因以勿施則恕也忠恕常能如是則大而在邦國尚無怨小而在大夫家亦無怨苟能無怨則縱未能施德澤於衆亦仁於人之基建乎斯矣）仲弓曰雍雖不敏請事斯語矣（義即同前○論旨此章則明仁行乎人之本也）

○司馬牛問仁（司馬牛孔子弟子名犂向魋之弟）子曰仁者其言也訒（訒難於言也爲仁牛非所遽及故先狀仁者之言而教之愼言也）曰其言也訒斯

謂之仁矣乎　牛疑此未足盡仁也　子曰爲之難言之得無訒乎　言仁者務行其心自難之事是以其言自不得不訒也○此章又明仁以愼言行爲主也

○司馬牛問君子子曰君子不憂不懼　依仁故不憂懼也處義故不懼也　曰不憂不懼斯謂之君子矣乎　牛疑此未足盡君子也　子曰內省不疚夫何憂何懼　疚者意慊而病也言君子之不憂不懼者無他唯身常行仁義內省不疚故自然也○論旨見內省不疚亦唯中心之勉強爲主也

○司馬牛憂曰人皆有兄弟我獨亡　有兄弟羨有兄弟相輔助也獨亡深恨有兄弟凶惡而猶無也　子夏曰商聞之矣　之者指其宜以爲心者也聞聞夫子也語所聞以尊其聽也　死生有命富貴在天　死生逆語旨兼禍福富貴順語旨兼貧賤言人之所惡莫大乎死焉而死生皆有命非人意可得也人之所欲莫甚乎富貴焉而富貴在天亦

非人力可強也此先君子敬而無失與人恭而有禮曉牛徒憂無爲也

四海之内皆兄弟也君子何患乎無兄弟也蓋天下本一道矣君子常敬天而無失人意又與人交恭己而有禮以待人故四海雖廣大皆猶兄弟而相輔助也君子如是何須患乎無兄弟輔助也即教牛以恭敬爲心則無兄弟猶有也○論旨明内省不疚則雖有似可憂者亦不足憂也

○子張問明子曰浸潤之譖膚受之愬不行焉可謂明也已矣浸潤之譖膚受之愬不行焉可謂遠也已矣浸潤之譖者謂其言以微入人如水浸物累積透入令人日生離疏之心者也膚受之愬者謂能令聞者親切聽受之愬訟也而此其不行非容易所能必非知物之明慮事之遠則不能矣故既言明又言遠也○論旨欲明有譖愬不行之明遠而後當達知死生有命之語及得不憂不懼故以編列焉

○子貢問政。子曰、足食、足兵、民信之矣。足食者、使國中生口無至艱食也。足兵者、使國中兵械兵備足以禦寇也。民信之者、使民信其所爲之政也。凡此三者、皆不可少。然先以時務之所最急言之也。子貢曰、必不得已而去、於斯三者何先。子貢蓋欲知其最重者也。曰、去兵。兵或可得用民故。子貢曰、必不得已而去、於斯二者何先。曰、去食。自古皆有死、民無信不立。言自古皆有一死。故去食尚不大患。苟民無信、上則國家一日不建立也。蓋信而民聚、民聚而食足、食足而兵足。此可以觀其輕重之序矣。○論旨明。明遠者之所見如是也。

○棘子成曰、君子質而已矣。何以文爲。棘子成衞大夫。即以文爲無用也。子貢曰、惜乎、夫子之說君子也。駟不及舌。言子成未究君子文質之義、而妄說之。其言已出、將令千里之外聞之。於是大悔、雖駟馬欲疾追之、亦不能及。爲先

惜其失言之甚也 文猶質也質猶文也虎豹之鞟猶犬羊之鞟 鞟去毛皮也蓋文有質而美質有文而貴二者不可偏立故文猶質也質猶文也如子成之說則是爲虎豹而去其文毛故猶犬羊而去其醜毛者豈不大謬乎○論旨蓋忠信質也禮樂文也因明前章信者亦當用文以相稱焉

○哀公問於有若曰年饑用不足如之何 稱有若者君臣之辭 用謂國用公意蓋欲其勸加賦也 有若對曰盍徹乎 周制一夫受田百畝而與同溝共井之人通力合作計畝均收大率民得其九公取其一謂之徹魯自宣公稅畝賦斂益厚率什取其二 有若意國用不足之可憂亦爲百姓不足其用故勸復其舊行徹法以救窮民也 曰二吾猶不足如之何其徹也 言其用愈不足而以詰其言不當也 對曰百姓足君孰與不足百姓不足君孰與足 與猶云歟也言君宜以百姓之足不

足與之曰足不足不可捨百姓則曰足不足也○論旨明信不可不重於食也

○子張問崇德辨惑

蓋舉古語請教也謂尊崇天子之德性辨釋身之私惑也

子曰主忠信徙義崇德也

人固有天命故不患善之難知惡之難知惟患驕慢自欺不爲耳蓋忠則能知善信則能行之苟主忠信而徙義則其德日漸致高乃亦所以崇夫德性也

愛之欲其生惡之欲其死既欲其生又欲其死是惑也

凡人情愛之則欲其永生惡之則欲其早死然而既欲其生又欲其死則譬猶欲爲善者而既知善又不欲爲之不欲作惡者而既知惡又欲作之是即惑也按但釋惑而不曰辨者明惑則辨之義自可知故也

誠不以富亦祇以異

二句詩小雅我行其野之辭也以富喩崇德以異喩惑言誠欲崇德則縱不能富之亦祇不可以其相異之私惑也爲子張語其學之要至矣○論旨見前章哀公之言出於其惑且不主忠信者也

○齊景公問政於孔子。齊景公名杵臼 孔子對曰君君臣臣父父子子。言君臣父子當各執其義務其道也然此言爲人君語故其意惟願當自君始蓋君本也臣末也本正則末自理如父子則不過此屬言之耳讀者須辨其語之主客輕重焉 公曰善哉信如君不君臣不臣父不父子不子雖有粟吾得而食諸。信如謂信如其言也言皆如是則國家危亂而雖有粟多吾不得安食也○論吉見信重於食之義雖景公自發之其言然其心不忠信故不能達夫子所言之奥旨也

○子曰片言可以折獄者其由也與。言雖僅僅一片言獨可以挫折獄訟枉曲者其唯子路能之也 子路無宿諾。宿猶宿肉宿酒之宿言凡所與人然諾者朝諾則夕果其事也此其忠信明斷亦可以觀能其前言故以此補之○論吉明忠信乃爲政之資也

○子曰聽訟吾猶人也必也使無訟乎訟爭曲直于官有司也蓋聽訟者自脩其身能以神明之正則枉曲者神爲之沮奪一遇訊詰情窮辭屈焉民因畏之不敢復以非理與訟矣○論旨明夫子之忠信則更使無訟也

○子張問政子曰居之無倦行之以忠言身居爲政之位務其當務無有倦怠其行政之心常要以忠信不失衆意也○論旨明爲政之要在以忠信也

○子曰博學於文約之以禮亦可以弗畔矣夫解已詳前

○論旨前數章似惟事忠信而不貴文因以此補文固不可少也

○子曰君子成人之美不成人之惡小人反是成者左右奬勸使遂其事之意也蓋君子以道與天下共之故如是小人則獨私其身故反是也○論旨即明忠信而文之行也

○季康子問政於孔子孔子對曰政者正也子帥以正孰敢不正言政者以正而正不正者之謂故子先躬帥以正則人無不正者也○論旨明爲政者當必忠信正己也

○季康子患盜問於孔子孔子對曰苟子之不欲雖賞之不竊雖賞之二字插蓋盜者由食不足也爲上者不欲而足食則不竊矣語其盜出於不得已之旨故曰雖賞之也○論旨明上無忠信之心則下多盜矣所以政之本爲忠信也

○季康子問政於孔子曰如殺無道以就有道何如季子意無道者遂不可教化也孔子對曰子爲政焉用殺子欲善而民善矣君子之德風小人之德艸艸上之風必偃上尚通偃猶伏也君子以下補添言他人則不知如子爲政焉用刑殺強制惟在子之身心誠欲善而下民自

善矣何者君子在上化下之德象譬猶靡艸之風小人在下從化之德象譬猶風伏之艸是以草尚之風雖姦猾者必偃伏也〇論旨卽明上忠信而下從化之情狀也

○子張問士何如斯可謂之達矣 言其德行作何狀而可得稱以達也

子曰何哉爾所謂達者 言汝當有其所意以作此問耳試先言爾所謂爲達者

子張對曰在邦必聞在家必聞 言大而在邦其名必聞小而在家其名必聞也

子曰是聞也非達也 聞達其義大異下文卽詳之

夫達也者質直而好義察言而觀色慮以下人在邦必達在家必達 言質實正直而好爲義曾不利己其於人察言而觀色能擇其誠篤不失所依賴且遠慮事之難成以謙下於人故其事易成而莫所不達焉

夫聞也者色取仁而行違居之不疑在邦必聞在家必聞 言莊飾顏色以取仁名而其行雖違居之恬然不疑

唯要取仁名而得名聲必聞也○論旨明忠信則達不忠信則聞也

○樊遲從遊於舞雩之下曰敢問崇德脩慝辨惑蓋此亦古語而原詩教者耳慝即匿於己之惡心也脩謂脩理而去之也子曰善哉問舞雩即前會晳欲放風詠之處而樊遲能不廢善志以發問故曰善哉也先事後得非崇德與先事務之所當爲而後其身之所得其報則是其心誠崇奉德性之所致也攻其惡無攻人之惡非脩慝與惟攻其身所有之惡於人之惡無之攻則是誠自欲去己惡者故脩慝之事也一朝之忿忘其身以及其親非惑與非有積怨之事但一朝之念而忘其身之可自重遂以禍及其親是其不可易知易辨然而或爲之乃惑也凡事異而多有類此者亦不可不察焉答無辨字之義即同前○論旨明忠信而脩己進德之要也

○樊遲問仁子曰愛人問知子曰知人樊遲未達此章

與篇首顔淵問仁章相爲首尾。蓋爲仁由己，然其實愛人是也。故曰愛人。蓋欲愛之博，則在知人，故曰知人。且夫仁也者，出於愛人之實，而又成於愛人之大。知也者，審於自知，而又明於知人。遲蓋未通達是義也。

子曰：舉直錯諸枉，能使枉者直。　夫子因通明之蓋者也。使枉者直。舉直乃知人之大乃仁之大者也。

樊遲退，見子夏曰：鄉也吾見於夫子而問知，子曰：舉直錯諸枉，能使枉者直。何謂也？　問知舉言其問仁問知之事也。

子夏曰：富哉言哉！　子夏先贊其義旨多所貫融，因復演述其義。

舜有天下，選於衆，舉皐陶，不仁者遠矣。湯有天下，選於衆，舉伊尹，不仁者遠矣。　遠者，不仁者自知己不善而遠退，即所謂使枉者直也。舉乃大知，不仁者遠乃大仁也。

○論旨明忠信而仁知之大者也。

○子貢問友。子曰：忠告而善道之，不可則止，無自辱

焉

凡常交者順而和可也友則不然本是同志之義故其人有過中心否之則以忠告之而又誘掖之令其不離於道然其人執迷不可聽從則止而絕交可也蓋友有過與之交則我亦不得免其責是自辱也故絕之無徒取自辱也○論旨忠告乃愛人之事無自辱乃亦知人也故以編列焉

○曾子曰君子以文會友以友輔仁

君子以講明詩書禮樂之文會集其可以爲友者故其文無所不明矣以忠告善道之友輔我克己復禮之仁故其仁無所不成矣○論旨以文會友乃廣其知也以友輔仁乃亦成愛人之仁也故以編列焉

子路第十三 凡三十章

○子路問政子曰先之勞之

四字一氣讀言以所望乎民者先據諸其身因以躬勤勞之也

請益

子路意未足夫子之言簡而猶有餘蘊故請益其言

曰無倦

前言既盡政之大要矣故唯告以無倦於前言也○論旨復明前篇爲政以忠信之意也

○仲弓爲季氏宰問政卽問其家政也子曰先有司赦小過
舉賢才先有司者謂凡百事務身先於有司而勤勞之也赦小過者蓋季氏大觀威權雖小過不
宥故爲季孫欲其赦小過也舉賢才者蓋季氏宗卿
其任當安魯國而爲之宰者亦當以其所任自任之
而其安魯國之謀誠莫如舉賢才故爲魯國欲其舉
賢才也蓋先有司仲弓之急務赦小過相季孫速奏
其功者舉賢才亦相季孫遂成大功者是其所語之序也曰焉知賢才而舉之仲弓
恐身在季氏家知賢才不廣故問之曰舉爾所知爾所不知人其舍諸
蓋上有好之者則下必效之故以此諭無其虞
也○論旨此亦忠信之事而政之綱要者耳
○子路曰衛君待子而爲政子將奚先衛君謂出公輒也待子待
夫子之示教也子曰必也正名乎名者謂諸事物之名也物名不待舉明也事名如齊
桓襄葵以責楚不入貢爲名漢高伐項羽以討義帝
之賊爲名是也當時出公父蒯聵欲入衛而出公拒

之然蒯聵與靈公父子之義既絕則出公於蒯聵亦其父子之義既絕矣但衛國廢政名義不正則其宗廟社稷之事皆類以便出公之私名義正則其宗廟社稷之事皆歸以全祖先之猷故夫子欲於亂衛國中所有名義不正者皆舉論其義以正其名也

子路曰有是哉子之迂也奚其正言世人或謂夫子爲迂有如是言故也且問爲何等事以欲正

子曰野哉由也君子於其所不知蓋闕如也子路不能文思而放言故曰野哉也君子以下言凡君子之於其所自爲不知之言雖必爲有其故而闕其妄疑以求通其義也

名不正則言不順言不順則事不成事不成則禮樂不興禮樂不興則刑罰不中刑罰不中則民無所措手足所事爲宗廟社稷名正也爲人君自養名不正也名不正則其言之必有所罔故言不順言不順則衆不從之故事不成事不成則國危故禮樂不興禮樂不興則事失次序故刑罰不中刑罰不中則人人自危故民無所

措手足。由此觀之，正名者實治國之基也。故君子名之必可言也，言之必可行也。君子於其言，無所苟而已矣。故字承上事不成句，證君子所以必正名也。無所苟而已者，言無其言苟且不行而止之事也。○論旨此亦忠信而論政要者也。

○樊遲請學稼。子曰：吾不如老農。請學爲圃。曰：吾不如老圃。樊遲出。種五穀曰稼，種蔬菜曰圃。樊遲欲學種藝教之以利於民也。夫子但以實告之。然聖人而曰不如，則學者亦不能而可之事可知也。遲蓋悟此肯，故出也。子曰：小人哉，樊須也。夫子恐學者或不知樊遲所問小人之事，故先語其問之小人，下因又明大人之道以論焉。上好禮，則民莫敢不敬；上好義，則民莫敢不服；上好信，則民莫敢不用情。夫如是，則四方之民襁負其子而至矣，焉用稼。襁織縷爲之，以約小兒於背者也。禮義信三字並皆活動，蓋禮者皆是恭敬之事故上好用禮則民亦莫敢不敬仰焉義者宜於衆庶之事故上好義則民亦莫敢不服從焉信者無有虛誕之事故上好行信則民亦莫敢不用情實焉夫如是則四方之民託賴之襁負其子而至種藝之事自廣矣何暇用稼之細事哉○論旨此亦論政要者而且樊遲士而欲學稼名不正也夫子因以正其名焉

○子曰誦詩三百授之以政不達使於四方不能專對雖多亦奚以爲 蓋誦詩三百則書亦當能誦之苟詩書之條理存乎心者無政不可達無問不可答然令授此人以政不能通達其理以失民心使於四方不能專一對問以辱君命夫如是則誦讀雖多亦奚以爲其用哉○論旨明士固當學學則當必有此才用也

○子曰其身正不令而行其身不正雖令不從 言爲上者之身正行其事則不下號令而其政自行矣不則雖嚴號令而民不從之也○論旨此復論政要者而見

學之不可無也

○子曰魯衛之政兄弟也此夫子嘗歎美魯衛之初政言魯衛之政無他即周公康叔兄弟之躬行直爲其治化也

○論旨證其身正不令而行也

○子謂衛公子荊善居室始有曰苟合矣少有曰苟完矣富有曰苟美矣公子荊衛大夫居謂處置也室室中凡百器用也苟若但任其有而爲足之意也此夫子以公子荊之爲人想見之以言故每用矣字言始纔有其一則曰苟合用矣少有其物則曰苟完備矣富有其物則曰苟精美矣夫子謂之善則可知居室大約以苟爲善也○論旨見治家室猶治國也治國亦當因其素而施爲又見魯衛之政極是簡也

○子適衛冉有僕適者心有所望而往也僕御車也子曰庶矣哉意謂其國中民居殷盛百工商賈無所不有而足以施治致美故曰矣哉冉有曰既庶矣又

何加焉曰富之蓋欲民安其居故先曰富制田里薄賦斂省稅役類卽富之也曰既富矣又何加焉曰教之民安其居而教立矣故教次之教者蓋教之仁義也仁義乃人之道人之道行則國因安定矣教之爲義其旨甚深哉○論旨明夫子因其素而施治之次序也

○子曰苟有用我者期月而已可也三年有成言世苟有用我者周一歲月而治國之要略已可舉定也三年則有奏其效成其功也蓋周歲則制田里薄賦斂所謂富之之策可定故曰可也三年則興庠序講詩書所謂教之之術亦備故曰有成也有字謙辭其實則必大成也○論旨卽明富教可行之略也

○子曰善人爲邦百年亦可以勝殘去殺矣誠哉是言也上句古語言君子無論雖善人爲邦百年相繼不絕則其好善至誠漸誘風化可以勝殘道之人去殺人之事矣蓋其治效不能及以禮樂之速故設言百年夫子自稱其言不誣也○論旨明治化行

於民之效也

○子曰、如有王者、必世而後仁。王者、謂聖王也。三十年為一世。蓋王者之治、必禮樂興焉。禮樂之於化民也、廣覆厚載、旁達曲暢、能使民愉感以趨其道矣。然必三十年而後仁者、民切少者受禮樂之鑄鎔、然後可期之純於仁行故也。蓋三年有成者、禮樂始興也。如夫善人、則百年而僅勝殘去殺耳。學者須參考焉。

○論旨即明教化之遲速也。

○子曰、苟正其身矣、於從政乎何有。不能正其身、如正人何。言苟於其身自正、則於從政無有不可也。不則我身且當為人所正也。矣字見當極純乎正也。○論旨與前章其身正之章應、復明政之不可不正也。

○冉有退朝。朝、季氏之私朝也。子曰、何晏也。晏、猶晩也。對曰、有政。即謂有政而議、故晏也。子曰、其事也。如有政、雖不吾以、吾其與聞之言故所謂政者其季氏之私事而非國政也何則如有議政至晏之大事則雖不如吾以不肖然以吾辱大夫故其當與聞之也○論旨此夫子正名者而愈見政之不可不正也

○定公問一言而可以興邦有諸

擧古語而問雖今有之乎否也下問亦同

孔子對曰言不可以若是其幾也

幾猶期也言語之爲物不可以此一言其必期興邦之大事也

人之言曰爲君難爲臣不易

此古人之興邦者有言也言君爲君難能臣爲臣亦不易能也

如知爲君之難也不幾乎一言而興邦乎

言雖今如知爲君之難則必正其身其身正則下必效之故殆可幾也

曰一言而喪邦有諸孔子對曰言不可以若是其幾也人之言曰予無樂乎爲君唯其言而莫予違也

此古人之喪邦者有言也言他無所樂唯樂群臣莫敢逆違予言者也

如其善而莫之違

也不亦善乎如不善而莫之違也不幾乎一言而喪邦乎　言雖今如不善而樂莫之違則諫諍者退諂諛者進故此亦可幾也○論旨見人君之正不正關乎一國之興喪也

○葉公問政子曰近者說遠者來　言正其身以期近者說服遠者來從而可也○論旨此亦正身之事而蓋前所云禮義信者可以能之也

○子夏爲莒父宰問政　莒父魯小邑名　子曰無欲速無見小利欲速則不達見小利則大事不成　欲速者急於名譽而苟且無其實故其行不能始終也小利者一己之所利見之則與衆離故所關乎社稷人民之大事不成也○論旨蓋欲速及見小利皆是目前近小而不正也因見前章說來者亦貴正而自然說來及夫子期月而可三年有成乃正而非欲速也夫小邑之宰尚以是爲不可況大國乎政之不可不正蓋可見焉耳

○葉公語孔子曰吾黨有直躬者其父攘羊而子證之語其行與心共直故曰躬也攘者因其來而竊取之謂也孔子曰吾黨之直者異於是父爲子隱子爲父隱直在其中矣直者心直於道也父有爲子則隱子有爲父則隱是人之常情而道之所在故直在其中矣如夫父攘而子證之矯情邀名不直之大者也○論旨即辨似正直而非者以明正直之所爲正直也

○樊遲問仁子曰居處恭執事敬與人忠雖之夷狄不可棄也居處恭者心常不失容而守其位分也執事敬者心常不失物而欲寡過也與人忠者心常不失人而以其衷誠也是其三者之效雖之夷狄不知禮義之地而彼亦謂其人爲不可棄者也○論旨明正直者是仁者之行也

○子貢問曰何如斯可謂之士矣子曰行己有恥使

於四方不辱君命可謂士矣

士其人材德雖任以遠事而亦足託賴者也蓋行己有恥則於凡百爲士者之分義可爲者則爲之可不爲者則不爲既仕其材克任邦事如使於四方則其文能達君命令無阻隔是謂之士也

曰敢問其次曰宗族稱孝焉鄉黨稱弟焉

宗族稱其人則以孝焉鄉黨稱其人則以弟焉是眞孝弟者然其學文未足當邦事之任故次之

曰敢問其次曰言必信行必果硜硜然小人哉抑亦可以爲次矣

果謂其行必如其意也硜硜然蓋固執其末節小事也夫言行者固君子之所重然大人則不必之必之者爲名所拘束也故以小人稱之然猶有自守者故抑亦次之

曰今之從政者何如

子貢既知其次之不足復以士稱因更就當今而問之也故下又更端作子曰

子曰噫斗筲之人何足算也

噫以其問頗落於卑下歎之也斗量名容十升筲竹器容斗二升算猶數也言雖有小異槩之不足齒列於上諸人中也○論旨辨別正

直而有用於世者與不者也

○子曰不得中行而與之必也狂狷乎狂者進取狷者有所不爲也　中行謂依中正之庸德以行者也言不可得中行之士而他要可與者其狂狷乎狂者雖或過中然於其善者進取無遺狷者雖或不及中然於其惡者斷不爲之故也按此章專明狂狷者之所長孟子則主言狂狷者之氣象是其不同也○論旨此亦就中正而辨別人物也

○子曰南人有言曰人而無恒不可以作巫醫善夫　南人南國之人恒常久有定之意也蓋巫事鬼神醫爲疾病其事多荒渺悠忽然無恒其行則雖此業亦不可得作之蓋以深警學士大夫也夫子善其言亦欲人之有戒焉

不恒其德或承之羞　此易恒卦九三爻辭言人不恒其平生所操之德而妄變之則其心自知其非故他日必或有對人承羞作之事也

子曰不占而已矣　此夫子與時擬易之言而附見故更端書以子曰也

以其無吉凶之斷辭言其人心自知其非則其爲凶不占而明白可知也○論旨中正則有恒不共則無恒愈見中正之可貴也

○子曰君子和而不同小人同而不和　凡與人言談之間君子者公正無所挾無所逆唯順承人意是以和然曾不枉道故異乎小人阿同之事彼小人則私心有所求有所欲是以偷合苟會以同然所見唯利故異乎君子順和之意也○論旨明君子正而有恒故如此小人不正而無恒故如彼也

○子貢問曰鄉人皆好之何如子曰未可也鄉人皆惡之何如子曰未可也不如鄉人之善者好之其不善者惡之　何如皆謂可爲定論乎未可皆謂未可爲定論夫鄉人之善者好之則有可好之實鄉人之不善者惡之則無苟合之行也善者惡之不善者好之亦然是可以爲定論而別其賢不賢也矣

○論旨明正則善者好之不善者惡之不正則反是也

○子曰君子易事而難說也下二句卽分解證之說之不以道不說也及其使人也器之蓋正故不以道則不說也寡欲故從其器而用之也

小人難事而易說也下二句亦分解證之說之雖不以道說也及其使人也求備焉蓋不正故雖不以道說也多欲故求備一人也易事則當易說然而難說難事則當難說然而易說故皆揷而字

○論旨見正者出於寡欲不正者出於多欲也

○子曰君子泰而不驕小人驕而不泰蓋君子正而寡欲故雖無財物心常安泰安泰則似驕然而異乎驕也小人不正而多欲故僅有財物其氣驕矜驕矜則似泰然而異乎泰也○論旨卽反覆發明前章之旨

○子曰剛毅木訥近仁言其爲人氣剛而行毅容木素而口遲訥者與夫仁者不

相遠也○論旨見正者必誠實無文飾而自剛毅木訥也

○子路問曰何如斯可謂之士矣子曰切切偲偲怡怡如也可謂士矣朋友切切偲偲兄弟怡怡　朋友以下記者

補之也言其人與朋友常講道義切磋懇切勸我不足輔彼不至相勸不倦其於兄弟常欣欣然和樂如一是其爲人孝弟忠信他日所成之材必足以仕君任事矣故可謂士也○論旨此章與前子貢問士章首尾相接且有剛毅木訥之資加之以學也

○子曰善人教民七年亦可以即戎矣　亦字暗與君子對言之也

言教民七年之久民皆知善知善多則其志堅其氣定軍行卒伍互相救援不敢獨自奔潰故其教之效可以即兵戎之大事而不苟也矣○論旨見善人之教者即前章所謂切切偲偲之類又與前善人爲邦章相首尾也

○子曰以不教民戰是謂棄之蓋教則當必有功然而不教因以取覆亡故曰棄也○論旨卽與可卽戎反映又與前爲政之諸章照以終篇耳

憲問第十四 凡四十七章

○憲問恥子曰邦有道穀邦無道穀恥也憲原思名恥也二字但屬下句故與上句分言用也字且上句不言恥不恥而其義自明矣言士唯當邦有道時材德顯明祿仕如邦無道而祿仕則此爲貪饕偷生故恥也○論旨專承前篇問士諸章中行已有恥語以爲篇首蓋士以行道安人爲任令特明出處之大節也

○克伐怨欲不行焉可以爲仁矣此蓋承前略拆憲謂二字克強克也伐伐功也怨怨人也欲貪欲也四者要之皆血氣之私而士所可恥者故憲意是能不行可以爲仁也將有之強自制伏於此故用爲字子曰可以爲難矣仁則吾不知也難謂

難能也蓋勉强之事與仁相似然此唯不從不善之行者而未見履禮行義之事故夫子論辨之也〇論旨見士知耻固可然無仁行則尚未也

〇子曰士而懷居不足以爲士矣 士當志於仁苟志於仁則有殺身成仁是爲其分義然而懷居則志在安己不在安人故其一事既不足以爲士明矣〇論旨見邦無道穀者專由懷居也

〇子曰邦有道危言危行邦無道危行言孫 蓋忠告而犯之危言也行道而不回危行也二者皆有以觸忌諱之懼故謂之危也孫謂下降也蓋行者與道共故不可變言者其身榮辱之所關故見時而或危或遜也

〇論旨見士不懷居者而危行危言皆可能也

〇子曰有德者必有言有言者不必有德仁者必有勇勇者不必有仁 有德者其意誠其行正故似無言而其實則誠必有言也有言者或

便佞或可給不必有德故似有言而其實則誠非言也仁者爲道勉爲義強故似無勇而其實則誠必有勇也勇者或爲名或爲利不必有仁故似有勇而其實則誠非勇也蓋德本也言末也仁本也勇末也故自如是耳○論旨爲前章言有時危孫因明察言之法又見仁兼諸德物也

○南宮适問於孔子曰羿善射奡盪舟俱不得其死然禹稷躬稼而有天下南宮适即南容也羿有窮之君善射滅夏后相而篡其位其臣寒浞又殺羿而代之奡春秋傳作澆浞之子也力能陸地行舟後爲夏后少康所誅禹平水土暨稷播種身親稼穡之事禹受舜禪而有天下稷之後至周武王亦有天下蓋羿奡藝力似大勇者然不仁故不得其死然此誠非勇也禹稷躬稼似不勇者然仁故遂有天下此誠大勇也适乃又誠有德而必有言者也夫子不答适所問即其所知而不待更辨者故不答也南宮适出子曰君子哉若人尚德哉若人此夫子面獎之則适於設故及其出而爲學者稱之

适問意欲得其死然故指曰君子也卑其藝力貴其躬稼故又指曰尚德也○論旨即申明前章之旨也

○子曰君子而不仁者有矣夫未有小人而仁者也有矣夫與苗而不秀者有矣夫其旨同言君子而其行不仁者曾無有之然則似當雖小人或時其行有仁者然而未有小人而其行仁者乃仁之不可不勉明矣○論旨明羿奡小人而不仁禹稷君子而仁也

○子曰愛之能勿勞乎忠焉能勿誨乎之字泛指人愛心愛也勞身勤勞也忠對朋友說言苟愛且忠則欲勿勞誨而不能已也○論旨蓋勤勞大則仁也教誨行亦仁也因明仁者與人情不外自不得不然之物也

○子曰爲命裨諶艸創之世叔討論之行人子羽脩飾之東里子產潤色之命交鄰之辭命也裨諶以下四人皆鄭大夫世叔子太叔游吉也古字太世通用行人掌使之官子羽公孫揮也東里鄭東門而子產所居也四之字累陪法蓋鄭

國小而北攝晉南迫彊楚是故其有事於大國尤當慎謹不則君命沮絕而國勢不振矣是以四臣同心竭慮如是草創之者始起其稿也討論者尋求其辭之所關利害得失者倫叙以設之難辭也脩飾者子羽爲行人善於辭對今因據裨諶所艸創之稿考世叔所論難之議本於己常所與其國應答之辭體以飾之文使其無失舊宜也潤色者子産執政國事進退皆出其籌畫故於子羽所脩飾者更又加彩色潤澤之以宜於國事也○論旨見愛而勞忠而誨是以國事自宜也

○或問子産子曰惠人也　蓋子産之時鄭國財用乏竭而民情偷惰宗室侈汰不加約束則狃法日多貧困日甚故以禁奸豈財足國爲要如鑄刑鼎作封洫別章服之類皆莫非救弊息民之意故　問子西曰彼哉彼哉　子西楚公子申也曰惠人也　以其問之下出於意外且其政跡無足道者故再曰彼哉也　問管仲曰人也奪伯氏駢邑三百飯疏食沒齒無怨言　人也二字本當在無怨言下然以其問頗復出於上其語

勢急故提醒之謂是一個之人物也伯氏齊大夫駢邑地名食邑三百家也齒齡也沒齒謂終身之久蓋桓公奪伯氏之邑以與管仲伯氏爲之窮困甚久而無一怨言乃管仲之功誠當其實故也○論旨見子産多愛勞管仲多忠誨俱足以爲賢矣如子西則亡之故不足道也

○子曰貧而無怨難富而無驕易　易字下略拆哉字蓋欲使人深思之故省哉字也言貧而無怨非知命者則不能故難矣富而無驕以禮自制則可能然此亦甚不易也○論旨伯氏貧而無怨者管仲富而無驕者子産亦無怨無驕者因足以益觀其賢故編列焉

○子曰孟公綽爲趙魏老則優不可以爲滕薛大夫

公綽魯大夫趙魏皆晉卿之家老家臣之長優有餘也滕薛皆小國之名據下章公綽之爲人不欲而無禮樂之文者夫家事者雖大槩之不過采邑財用出入之事故不欲以爲之則固非夫貪墨者之比故曰優也國政則不然雖小亦社稷安危民人休戚繫焉故苟非文以禮樂博通義理者則不能且今魯大于

滕薛則其不可盍甚也○論吉見不欲則前章一一者
皆可能矣然欲出子産管仲之上者不可無學也

○子路問成人成人者詩大雅思齊篇云肆成人有
德小子有造禮器云禮不備君子謂
之不成人乃成人之所
以爲人之德之稱也子曰若臧武仲之知公綽之
不欲卞莊子之勇冉求之藝文之以禮樂亦可以爲
成人矣武仲魯大夫名紇莊子魯卞邑大夫蓋智若
武仲足以達道不欲若公綽足以直道勇若
莊子足以行道藝若冉求足以應道故此四人者加
之以禮樂則其質亦各可以爲成德人矣蓋禮樂之
作本於天地鬼神之情達乎民德之常者故雖有秀
援之材非由禮樂則其行事不能得常合斯道其行
事得常合斯道者然後始可謂成人也是故古先王
之誼其取士必先使學禮樂以成其材德成則擧而
官之以授之職是以有成人之稱而如當夫子之時
則禮樂廢壞已久矣故成人之稱不得復以禮樂唯
當觀其人於道之大節不愆者而定之稱曰今之成
耳故下更端曰今之成人者何必然也

人者何必然見利思義見危授命久要不忘平生之言亦可以爲成人矣見利思義者言凡事見己利便即捨之因思就其可合義之行也見危授命者言見人危難輒出死力救之而不顧我生也久要不忘者要與約通屈也言己有故窮約艱難久之而不忘其平生無事所志之言以辱其身也凡此三者君子小人所分之大節而苟履之不愆則雖不論其細行亦可以是稱爲成人也○論旨明必由禮樂而可以得成其德矣因又教之大要也

○子問公叔文子於公明賈曰信乎夫子不言不笑不取乎公叔文子衛大夫公孫拔也公明姓賈名亦衛人乎字上略拔信字夫子甚疑其矯僞非人情故再言信乎也不言者言雖有當言之事然曾不言也餘準此公明賈對曰以告者過也夫子時然後言人不厭其言樂然後笑人不厭其笑義然後取人不厭其取以告問略拔此言二字夫子以下言凡言

皆當其宜然之可然後言未曾妄言故子曰其然豈人皆悅服不以爲不可也餘亦准此

其然乎 其然者許其爲告者過之言也豈其然乎者言文子宜如賈所言然此非由禮樂則所不能是以疑其未造其域也○論旨愈見不由禮樂則其德不能成也

○子曰臧武仲以防求爲後於魯雖曰不要君吾不信也 防地名武仲所封邑也要強使人不得不如己意也武仲既被讒奔邾復如防求爲臧氏之後是其意欲立則防存不立則防亡因以自卜去就故曰以防求爲後然既奔則爲他國人不得復爲魯人故用於魯二字以明其事要君也故夫子斷之曰雖人或曰不要君吾不信也○論旨蓋禮樂廢後世或有似而非者即如前章公叔文子是也文或有行與心戾者即如臧武仲是也

○子曰晉文公譎而不正齊桓公正而不譎 文公名重耳桓公名小白譎者其陰謀不可測之意也晉文齊桓同覇而其實不同蓋二公之舉葵丘踐土之二會最爲

大焉而晉文有召主請隧之事其尊王不過屬諸侯之術故曰譎而不正齊桓則雖不朝周然猶有尊王下拜之事故曰正而不譎蓋正譎皆就二公之大者相比較而言之亦非彼譎而此獨不譎彼不正而此獨正也○論旨見雖禮樂廢壞然其跡猶有遠不遠之小異也

○子路曰桓公殺公子糾召忽死之管仲不死曰未仁乎　齊襄公無道鮑叔牙奉公子小白奔莒及無知弑襄公管夷吾召忽奉公子糾奔魯魯人納之未克而小白入是爲桓公使魯殺子糾而請管召召忽死之管仲請囚鮑叔牙言於桓公以爲相此夫子嘗偶論管仲語及其仁者而子路意以爲不可因引其行事正之故更端文用曰字也

子曰桓公九合諸侯不以兵車管仲之力也如其仁如其仁　九與鳩通集也蓋九合諸侯而來諸侯奉盟約以信義爲主不復以兵車戰伐是去天下之殺者而其得如是者實管仲輔相之力也蓋召忽之死明君臣之義管仲則志在於仁譬如伯夷之於武王豈不有小

大乎故夫子再言其仁更大以深嘉之也○論旨召忽見危授命所謂今之成人者管仲則亦能合禮樂之大義所謂久要不忘平生之言者也

○子貢曰管仲非仁者與桓公殺公子糾不能死又相之言管仲其實非仁者矣既不能死又相之是重罪也子曰管仲相桓公霸諸侯一匡天下民到于今受其賜微管仲吾其被髮左衽矣霸者尊王室以制諸侯之命也一匡者比合而一之設禁而改之為天下明其義方也微者嘗有之事而試無之而言之辭衽衣衿也被髮左衽者夷俗也此明其仁之大豈若匹夫匹婦之為諒也自經於溝瀆而莫之知也諒偏信于一之意也經縊也言如子貢所言是望管仲以若愚夫婦不識義者徒行為諒自縊於溝瀆而人莫知其死何益也其說大誤矣○論旨明管仲愈有合乎禮樂所教之大義也

○公叔文子之臣大夫僎與文子同升諸公文子知其家臣僎之賢因忘己私便而薦諸公朝其薦又不以士之而大夫之是與其身同位矣而文子乃能不以此爲嫌升諸公也子聞之曰可以爲文矣文者明辨物之宜然條理之謂也言其諡可以此一事已爲文也○論旨此亦能合禮樂之文義者故編列焉

○子言衞靈公之無道也蓋言其人倫不正也康子曰夫如是奚而不喪而字承如是言喪謂喪國也孔子曰仲叔圉治賓客祝鮀治宗廟王孫賈治軍旅夫如是奚其喪仲叔圉即孔文子也蓋善治賓客則隣交無間同盟不怨矣善治宗廟則一國人心皆知所歸矣善治軍旅則外寇可禦內盜可除矣三子皆其材藝過於人者靈公雖無道而能用任之三子各治其職是以邦典未壞大禮尚存禍亂無所由興焉故曰奚其喪也○論旨明禮樂之效其君雖無道猶得以不喪矣

○子曰其言之不怍則爲之也難怍者心預思承之羞也言其人臨發言心不預怍憚而輕出其言者則是初無意於行之者故其人後日縱欲行其言亦必難履也○論旨明禮樂之條理不存乎心者口雖能言必不能之行因又見靈公之無道但出於其心之怠慢於其用人則有條理猶存者而然矣

○陳成子弑簡公成子齊大夫名恒簡公齊君名壬孔子沐浴而朝告於哀公曰陳恒弑其君請討之爲言大政故沐浴也蓋魯爲周公之後當議天下諸侯之事魯之所以有春秋也而夫子爲魯致仕大夫固當議其大政於朝而政莫大乎正君臣之義矣今陳恒弑其君是亂天下之大義者魯不可以不爲之討也故夫子請討之公曰告夫三子是時三家擅權哀公難爲之主故使告三子也孔子曰以吾從大夫之後不敢不告也君曰告夫三子者君曰以下七字挿言此極大事

而不可不告是以敢告雖君曰告夫三子者然告三子而可則吾亦能告之唯此事不得三子而君當自決故敢告之其意猶願君再思之也語其之三子告決在君不在三子之身上故特曰三子者

不可　遂以君命往告而三子畏齊之強大且惡孔子其討之罪逆已之強僭故不可其請也

曰以吾從大夫之後不敢不告也　言此極大事而不可不告是以敢告其意亦猶願三子再思而告君以討之也　○論旨明夫子達禮樂之源卓然執大義見其可討也

○子路問事君子曰勿欺也而犯之　凡為人臣者或諂君不足其語道者是欺君也勿欺則能忠告而以其忠告之故有犯君顏亦可也　○論旨前章即夫子勿欺而犯之也

○子曰君子上達小人下達　言君子之智於道行乎上為天下國家之事而達焉小人之智於道行乎下得衣食利便之事而達焉　○論旨見君子上達不有其身故得勿欺也小人下達常保其身故必恐犯也

○子曰古之學者爲己今之學者爲人 古之學者本爲己成其德於其身而學故學誠得其實矣今之學者本爲供他人之知而學故學徒得其體耳是所以其爲大異也

○論旨明爲己所以爲上達爲人所以爲下達也

○蘧伯玉使人於孔子 蘧伯玉衛大夫名瑗夫子嘗主于其家 孔子與之坐而問焉曰夫子何爲對曰夫子欲寡其過而未能也使者出子曰使乎使乎 夫子舊識伯玉之賢而知其使亦非凡庸故使事畢然後更授之坐因問伯玉比日以何爲專業也蓋伯玉於事之前深加恭敬欲寡其過然而於事之後尚未能無其悔也因見學之無窮善之無極焉而其語足以使其主不辱矣故嘉之曰使乎其語又暗使人自警矣故再曰使乎也使乎者謂爲人使者宜如此而可也○論旨伯玉者即爲己之學而非爲人之學故承此

〇子曰不在其位不謀其政解已詳前〇論旨明前章過者當視之於己位分之宜而非必規人之過且愈見學當爲己不可爲人又爲後章作地

〇曾子曰君子思不出其位此易艮卦之象辭也曾子嘗因前章之語引之以釋其義而記者從錄之也思者其心所思慮計畫也位者猶素其位而行之位君而唯思君道臣而唯思臣道之類皆不過思其位分之宜也耳〇論旨見前章不謀其政之事蓋不暇謀之焉

〇子曰君子恥其言之過其行之字舊作而字今從皇侃本蓋言之過其行者有希於外有未於人者之所爲是以君子初恥而無之也〇論旨明言之過其行猶思之出其位也

〇子曰君子道者三我無能焉仁者不憂知者不惑勇者不懼謂於仁者則取其不憂而行也餘準此子貢曰夫子自道也言夫子非無能唯自稱道之而欲人之爲也蓋如請討陳恒夫子義不默止沐浴而朝者是不憂也不爲

三桓强制擬貳其所告是不惑也不顧觸三桓之忌
諱是不懼也子貢所言不必止於此然夫子實兼之
矣○論旨三者之本出乎前章耻其
言之過其行及思不出其位故承此

○子貢方人子曰賜也賢乎哉夫我則不暇 方猶品目也

夫字屬上句指方人之事也言子貢宜自知其身未
必賢於我也然其方人則似自爲賢者此可異也我
則急於自脩而不暇及此也○論旨愈明學者
須急於爲己之學及謹言行相稱之自脩也

○子曰不患人之不已知患其不能也 此章旨頗與前出者同而

文有小異其亦各切於其前後章之承接耳○論旨子
貢方人者即患人之不已知也夫子之不暇即患其
不能也愈見學不
可不急於自脩焉

○子曰不逆詐不億不信抑亦先覺者是賢乎 言不逆知

彼詐我之事又不臆度我不信彼之事其爲人正直
如斯今人必以爲愚然亦在古先覺者則此諸逆臆

者以是人爲賢也○論旨見今人往往患人之不己知是以逆詐臆不信邪智曲心以爲賢大與患不能者異矣

○微生畝謂孔子曰丘何爲是栖栖者與無乃爲佞乎

微生姓畝名蓋有齒德而隱者故其辭甚倨栖栖謂事思身之止息也佞謂巧希遇合也言汝何爲如是栖栖者之事其心

孔子曰非敢爲佞也疾固也

嘗學爲佞者而然也固者執舊不變也蓋固則不通不通則必失物夫子欲無此失而疾固也○論旨夫子處世不逆詐不臆不信唯以行道爲志是以世不識者或誤爲佞然夫子則正疾逆詐臆不信及固陋不顧世如微生者也

○子曰驥不稱其力稱其德也

驥良馬之名猶冀也以其志常冀致遠之德爲名蓋能致千里者驥之力也冀致千里者驥之德也古人知其力本是因其德而生者是以稱其名不以其力而以其德也○論旨見夫子之可尊不在道之行不行唯在其欲濟世之德志不衰如夫徒隱

者則不足道也

○或曰以德報怨何如德恩惠也怨舊怨也子曰何以報德或人固無其心而發此語者故夫子言此語之以直報怨以德報德蓋以德報怨矯情也以德報德常情也直者不敢以怨故枉其所當故是其爲宜矣○論吉見前章夫子欲濟世之志似過切然亦唯直道而非矯情也

○子曰莫我知也夫言世莫能知夫子之微意者也子貢曰何爲其莫知子也即問其微意何者也子曰不怨天不尤人下學而上達知我者其天乎凡人不得其求則怨天不得其遇則尤人然夫子本不爲身謀唯期爲己之下學而遂得爲天下國家之上達故夫子所望之下學既得而足矣如夫上達之學用之與不用皆在人非夫子所自爲也故夫子之不用於人可惜可哀亦非夫子可惜可哀也故不怨天不尤人然世

知其微意者鮮矣故曰知我而信此言者其唯天乎○論旨明夫子之心與世人所擬大有徑庭也

○公伯寮愬子路於季孫子服景伯以告曰夫子固有惑志於公伯寮吾力猶能肆諸市朝公伯寮魯人愬譖也子服景伯魯大夫子服何也夫子指季孫言其惑甚而不可解也肆陳尸也貴者肆于朝賤者肆于市子曰道之將行也與命也道之將廢也與命也公伯寮其如命何與字意在命也下提醒其實命也兩命也者謂興廢皆天命而非人可強也公伯寮以下言愬無益也蓋子路之宰於季氏其志在尊公室其毀三都收甲兵之類可以見焉故夫子深望子路以言道之興廢也○論旨明夫子唯安命是所以不怨天不尤人也

○子曰賢者辟世辟與避同避者見其勢有不可支而去之以有待之義與隱匿不顧世之意不同此言賢者避之幾者見世之將亂爲避遠不徒被禍害以辱其身也其次辟地

此言其避之稍後矣之者避亂之將亂也其次辟色此言其避之又後矣之者望其君顏色知

不可共語而避之也其次辟言此言其避之又復矣之者其君言不可而避之也○論旨前章

夫子安命似不避禍害因見夫子明哲固非無所避也

○子曰作者七人矣作猶君子見幾而作不俟終日之作蓋奮然决去之意也七人者以前後章意推之乃明矣指微子篇所云逸民伯夷等七人者也○論旨即實前章之言

○子路宿於石門晨門曰奚自子路曰自孔氏曰是知其不可而爲之者與石門齊地晨門晨啟門昏閉門閽吏也奚自自下略來人二字是字當爲句提醒當不違其後所言也蓋夫子之時世道已壞事不可爲夫子固知之然以夫子之大仁猶庶幾乎萬一矣晨門儀封人之徒而深知夫子之隱衷者因言今子路所稱之孔氏者知世之不可濟然而勢爲之難猶有意於濟世之聖德者乎當然也故子路不復答之○論旨明夫子丕不辟世之旨也

○子擊磬於衞有荷蕢而過孔氏之門者曰有心哉擊磬乎　磬樂器荷任曰荷蕢艸器也而字見勞隱於鄙事者曰者初聞之日也言其磬聲有心於欲用世之人既而曰鄙哉硜硜乎莫己知也斯已而已矣深則厲淺則揭　既者既聽之也鄙鄙其有心也硜硜乎謂其有心堅固也莫己知以下言夫子唯憾莫己知者然苟莫己知者則斯已其心而可也深則以下二句詩邶風匏有苦葉之語也以衣渉水由帶以上曰厲褰裳曰揭此言夫子宜奉此訓隨時應俗也　子曰果哉末之難矣　言彼荷蕢者其言克情果於遺世曾無有為濟世之難之心可為歎惜也○論者此載不識夫子者之言且愈見夫子所務則在於難為之大仁也

○子張曰書云高宗諒陰三年不言何謂也　高宗商王武丁也諒照察之意也陰陰私也不言者不縱言其心所思之謂非口不發一言語之謂也言高宗即位哀時

照察人之陰私而以其居喪之故三年不敢言之也子張疑此事難行故舉問之子曰何必高宗古之人皆然君薨百官總己以聽於冢宰三年人字下略君字己猶云其身也冢宰大宰也謂百官各有其職事無大小總於其身一以聽於冢宰是乃所以三年不言而可也○論旨前章夫子非不察荷蕢人譏己然不敢答之但惜其人自棄此與諒陰不言其義有類所以爲高德抑又所以貴不逆詐不億不信而見言之不可果也

○子曰上好禮則民易使也蓋禮者先聖王所宜乎衆民之爲典者也故爲上者好用禮則事順而民易爲使役也○論旨前章言用禮則不言亦無害此章因明用禮之效也

○子路問君子子曰脩己以敬曰如斯而已乎曰脩己以安人曰如斯而已乎曰脩己以安百姓脩己以安百姓堯舜其猶病諸脩者今其所行復如舊所有之義脩己以敬者言脩道其

身而以敬其所自執之事也安人及安國者言亦唯愈修道其身而以漸廣遂使一家一國及天下安平其德也子路疑君子之事不止於其修己故累問之而夫子明其無他也夫道者始乎修身至於安百姓道之極也故雖堯舜之聖猶有所難焉曰諸者蓋不輕讓聖人也○論旨前章及高宗章皆自修而有其效者故以編列焉

○原壤夷俟子曰幼而不孫弟長而無述焉老而不死是爲賊以杖叩其脛

原壤孔子之故人夷本無禮之名據下叩其脛當或蹲踞之類俟者蓋無意待之而待也大抵人宜幼而孫弟奉師父之訓而可既長則以其訓行諸其身有善名而可既老則自少至於老勤勞不休因以衰極致死而可是誠爲天性宜然者矣原壤則不然幼而放縱雖有師父不孫弟以承其訓長而其自好亦亟變遂無人之可傳述者焉老而其身不衰死是皆爲自害天性之宜者故曰是爲賊也於是夫子以所自扶之杖叩其腳骨蓋欲其有所懲艾也○論旨愈見自修

之不可不貴也

○闕黨童子將命闕黨黨名童子未冠者之稱將命謂傳賓主之言也記者明童子自進將命或問之曰益者與或人意童子而將命是大有才當其學益進達者也子曰吾見其居於位也見其與先生並行也非求益者也欲速成者也言吾細見其平生之動止與今此將命者其事皆同而其志非求益者欲欲速成者也夫子幸使童子聞之欲其悟而爲遜弟也○論言見自脩之要須遜弟焉才則不可負矣

論語講義卷之三終

論語講義卷之四

日本 越前 田中順大壯 著

衞靈公第十五　凡四十一章

○衞靈公問陳於孔子。孔子對曰：俎豆之事，則嘗聞之矣；軍旅之事，未之學也。明日遂行。（陳，軍之陳列也。不問道而問陳。）

故用於字。俎豆禮器，不曰禮而曰俎豆之事，蓋謙辭也。此衞靈無凱弟承訓之心，妄問以己所欲之軍事，而夫子對以俎豆之事者，其意暗言宜問以禮安人之事也。且夫軍旅亦實俎豆中之所寓，夫子非不之識，但以衞靈之無道，徒知陳則適足以害人爲故，以未學而絕之也。然猶願衞靈之有覺悟而改，故待一日而不報，其不能用既明矣，於是義又不徙食，明日遂行去也。

在陳絕糧，從者病，莫能興。

此其去之日甚急，而不能具道路之糗糧，故及行在陳國，其所賫已絕，從者因饑病，莫能奮興。

者也

子路慍見曰君子亦有窮乎子曰君子固窮小人窮斯濫矣

濫踰矩之意也子路心慍見夫子意詰其窮由夫子夫子因言君子謀道不謀食故有時窮然其窮雖久不以此易之小人則從其窮甚其濫亦甚也○論旨明不止幼者當孫弟承訓者皆不可不孫弟又見夫子處窮之道也

○子曰賜也女以予爲多學而識之者與

此夫子嘗聞子貢稱夫子似爲多學請技藝而博識強記之以成其德者故擬言其意以訊之也

對曰然非與

言果如其言然而言之者其實非故與

曰非也予一以貫之

言予之所學唯以古之道與今所行爲一以慣得之故其學至簡曾不須多學也○論旨明苟知道則知軍旅之事不學可也

○子曰由知德者鮮矣

獨呼子路而告之者子路志氣外馳不能深思知其慍見卽由乎其輕麤不知德故不曰由也而但呼其名蓋欲之思察也言人率以行德爲不利而知行德之爲

利者猶且鮮矣況德之爲德多存乎寡黙可不思哉

○論者衞靈欲立事業而問軍旅不知禮可以安國

子貢欲爲君子而思多學不知其簡學

可以得之皆職不知德也故以編列焉

○子曰無爲而治者其舜也與夫何爲哉恭己正南面而已矣　此夫子引古語言無有百端之造爲而能治者其實舜之謂也何則夫舜何爲哉唯内恭己一遵堯之舊典外正南面任天下之賢材不敢惰位知是而已矣豈不無爲乎　○論者舜一去私智唯用人智是無己者而誠知德之大者故以承此

○子張問行　行猶德行之行而但未至以德行　子曰言忠信行篤敬雖蠻貊之邦行矣言不忠信行不篤敬雖州里行乎哉　蠻南蠻貊北狄二千五百家爲州言同是一事而言之則忠信以盡其思行之則篤敬以行其事爲人知是者人足以依賴任事故雖蠻貊不識禮義之邦其身得行立矣若

言不忠信行不篤敬者則人無以所取立則見其參規故雖父兄之州里不可得行立也

於前也在輿則見其倚於衡也夫然後行此復明其得行立之方言設欲言行一事當須坐臥思其事之宜如何不唯坐臥思之立則亦見其事參到於眼前也在輿則亦見其事倚憑於衡軛也其思之如是而言之則自忠信行之則自篤敬然後其身可得行立乎一世矣蓋忠信者其行必得篤敬篤敬者其言必得忠信二者相須不可不知也

子張書諸紳紳大帶之垂者書之恐其或有忘之而供發覺也○論旨明前章舜無爲而治者非徒無爲亦唯中心大有文思而能使之然也

○子曰直哉史魚邦有道如矢邦無道如矢史官名魚衞大夫名鰌如矢二字本於詩小雅大東篇周道如砥其直如矢言如矢史魚但可以直稱耳何則其邦有道已以直道不爲物回其直固可也然如其無道亦同以直則不通時變故於君子之忠信雖有餘然於其文

行則有少焉是以未可以君子稱也君子哉蘧伯玉邦有道則仕邦無道則可卷而懷之兩則学分別於史魚而言之也言惟伯玉可以君子稱之何則其邦有道以直道而仕其邦無道可能以其所展之直道卷收而懷藏之是於君子之文行忠信得兩全故以君子稱也○論旨言忠信行篤敬亦不學問以文之則恐知史魚而不得知伯玉故以此補之

○子曰可與言而不與之言失人不可與言而與之言失言知者不失人亦不失言言有人與之言則益於道者而不與之言則失其可益道之人故曰失人也又有人與之言則反害於道者而與之言則以其言害道故曰失言也唯知者文明故不失斯二者皆得其宜也○論旨明知史魚則不免此失唯伯玉可能知者之事矣

○子曰志士仁人無求生以害仁有殺身以成仁言志於道之士若志於仁之人平生決無爲求己生作不仁之事以害仁行故有事之一日則有能殺其身以

成濟人之仁也。○論旨卽又見文行之大節也。

○子貢問爲仁。問行爲仁之法也。子曰：工欲善其事，必先利其器。居是邦也，事其大夫之賢者，友其士之仁者。言成仁難遽望，譬猶百工欲善其造爲之事，必先利其造爲所用之器。苟欲成仁，須師事大夫之賢材者，以受訓；交友士之有仁德者，以切磋。既而其德成，則其士勸之，其大夫用之，可以望成仁也。○論旨愈明前章殺身成仁之事，必有無求生害仁之素，然後可以庶幾焉矣。不則必不能也。

○顏淵問爲邦。蓋治家國天下與脩身，其歸一也。喩於此則有發於彼，發於彼則有喩於此。故顏子會問治爲邦之宜者耳。子曰：行夏之時，夏時謂以斗柄初昏建寅之月爲歲首也。蓋夏時乃五帝皆用之，而比諸殷以建丑爲正、周以建子爲正者，最爲與天無先後之差者矣。凡天子之事莫大乎奉天，故首舉時以該庶政，皆當敬天順人之義也。乘殷之輅，殷輅木輅也。輅

大車之名至周始有五輅蓋飾以金玉者奢而易敗不如木輅之樸而堅久也凡天下名器莫重乎車故用物尚質之義也

服周之冕 三等冕最貴其制至周始備矣凡貴賤物采莫先乎服故次擧冕以該凡百章服用文貴辨之義也蓋以上三者皆禮之屬而夫子擇其最可者以言其大體其意非敢是非之唯言苟能備文乎其身而不修費而行以其天時則禮之善美盡

樂則韶舞 昔既論禮因又擧樂之盡善美者以該諸樂也焉矣

放鄭聲遠佞人鄭聲淫佞人殆 鄭聲鄭國所出淫靡之聲放鄭聲者謂放逐鄭聲之使而不畜之也遠佞人者謂遠斥辨佞之人而不通之也此又論害治化之大者細言易擾亂人之心志也以上夫子以其平日所志治國之大經爲顏子告獨以禮樂爲其大要會不及於政令刑罰其規模弘遠可以觀焉矣○論者前言成仁之資此章因又擧夫子文思經國之資以見學者愈不可無其素也

○子曰人無遠慮必有近憂 大抵人雖自覺其非然但見其目前未太甚而

因循不革無以遠慮其日後則必有不遠而憂悔之
事也○論言蓋人有其資則其行可期矣且前章放
鄭聲遠佞人之類即
遠慮之也故以承此

○子曰已矣乎吾未見好德如好色者也解皆已詳前此言吾
欲止復强敎人何則學者必有好德如好色之資而
訓亦可施矣而未之見則强敎無益故也○論言即
明學必無其自好
之資則不能成也

○子曰臧文仲其竊位者與知柳下惠之賢而不與
立也 柳下惠魯人姓展名獲字禽食邑柳下蓋晩爲
大夫論曰惠言以文仲知賢而不立之事觀之
其人實以公所賜之位爲私其身者與何則知其賢
於己則當宜讓己位然而反蔽之不與立朝則其私
竊位者明也○論言明前章夫子言未見者非人不
知好德之善但知而不爲乃所以有已矣乎之歎而
夫子苟見好德
者固欲之歎也

○子曰躬自厚而薄責於人則遠怨矣躬自責己非甚厚而於人之非則責之較薄者此自好成德於其身而以及於人者故雖責亦遠怨也○論旨見躬自厚者而可謂好德矣且見夫子有已矣乎之歎抑亦所以遠怨也

○子曰不曰如之何如之何者吾末如之何也已矣不字下略問字言非學者必有自求之心而進學之道問如之何成德之方問如之何漸進而漸問者則此無其求者故雖欲教導然未由也○論旨愈明必其有志者而可以教矣不則徒取怨耳

○子曰羣居終日言不及義好行小慧難矣哉言群衆同居終日之久其所談論片言曾不及利人之義此無心於爲善者既明而加之以好早悟其瑣便小利而行之爲喜者愈甚難於其作人矣哉○論旨教學者須以尚義爲心又見小慧反害其德也

○子曰君子義以爲質禮以行之孫以出之信以成

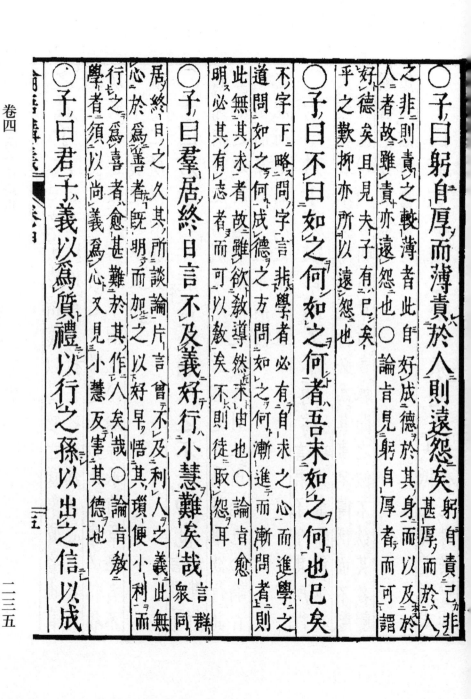

之君子哉 三之字皆指義以爲質之意象質資也言
君子以利人不利己之義爲其心之本資
於是身據古禮以行之言常遜下以出之事必信履
以成之是誠可以君子稱也○論旨承前章學者不
可不尚義之旨以更明
君子之所以尚義矣

○子曰君子病無能焉不病人之不己知也 言君子於其行
己身病無能知前章所云焉然是其爲事唯欲行其
宜然之道於己者故人之不知則非所病也○論旨
卽明前章君子之事病無
之能而不病人之不知也

○子曰君子疾没世而名不稱焉 言君子令其所行
疾其事雖没世之
久然其名不足傳稱之行必爲其事足傳稱而不懲
之行也○論旨明前章所言驟聞之似不欲其名聲
顯著然非敢然
但無意衒鬻也

○子曰君子求諸己小人求諸人 大抵凡百之所求
者有此殊異譬如

毀譽君子於其譽以爲己誠有其實則譽不招而自
至矣於其毀以爲己必有其非而毀來矣如小人則
皆不求諸己但求諸人之類是也○論旨前
章君子亦似邀名因明君子非求名者也

○子曰君子矜而不爭羣而不黨蓋君子獨淑其身故自矜持然不與
人爭己能故曰矜而不爭君子不爭故身能與衆羣
居然又曾不與之私黨枉其是非善惡故曰羣而不
黨也○論旨即承前章以明君子求諸己故能
得矜且羣小人求諸人故不得不爭且黨也

○子曰君子不以言舉人不以人廢言君子於言以言之善不善
廢舉之於人以人之善不善廢舉之而不以相混錯
蓋其人雖小人亦有斯性故足以出善言矣其人雖
君子亦時繆誤不能無失言矣故廢舉之別如此○
論旨見君子不爭不黨故自公直而得能爲之也

○子貢問曰有一言而可以終身行之者乎子曰其
恕乎己所不欲勿施於人恕者以己與人所同有之心施諸人之名故其爲德

甚近而親切及其至也亦可以望仁之大德矣夫仁者人終身之德故雖聖賢亦其所望不過成一之仁而其爲仁之心則莫不出於恕而成於仁焉是故人之所可行者莫先乎恕又莫至乎恕故曰其恕乎其意蓋言仁亦可由而望也因又明恕之方其方無他唯己所欲施諸人己所不欲則勿施於人耳○論旨敎能前章之事亦唯出乎恕也

○子曰吾之於人也誰毀誰譽如有所譽者其有所試矣斯民也三代之所以直道而行也

毀稱人之惡也譽揚人之善也言吾之於人也無有定毀一人定譽一人如有所譽一人者則其必有所試驗諸其實行毀亦然但毀譽其事之是非耳何者古三代聖君在上提其治綱而明敎化之時民皆直道而行是其證而今天下之民亦在三代則同直而所行者故苟自欲其直則復無不可直道而行者然則奈何得定毀一人定譽一人哉茲知夫子毀譽於事而不毀譽於人也○論旨敎恕者無他即直道而行者是也

〇子曰吾猶及史之闕文也有馬者借人乘之今亡矣夫 矣一本作已非蓋人固不可一日無忠信譬猶史文不可闕一字也而夫子身偶遭時俗忠信之風壞廢猶讀史及其有闕文因舉一事以證之蓋時俗之昧甚衰有車馬者遇人乞借則出借以乘之是即忠信而今則一亡其風故夫子語此以深痛歎焉 〇論旨明前章直道者即有馬者借人之類是也

〇子曰巧言亂德小不忍則亂大謀 凡巧言則亡忠信之心而亂心德也凡小事不容忍則不足任大事而亂大謀也 〇論旨有馬者不借人於是巧言者興焉小不忍者亦起焉因以承此

〇子曰衆惡之必察焉衆好之必察焉 蓋衆目之所視則本雖嚴乎然如無道之世衆亦或爲巧言者見蔽惑故必審察其情實也 〇論旨專恐爲巧言者見誤也

〇子曰人能弘道非道弘人 弘廣行之意也蓋道本行乎人心故似道亦弘

人者然人唯有心於行道則得道爲之弘無心於行道則道爲之息故曰人能弘道非道弘人也○論旨見前章衆但不用心是以好惡或不中唯能用心則好惡得中雖道亦可得弘之也

○子曰過而不改是謂過矣　過者無心而失者之謂然有心而不改其失者是謂之眞過也○論旨明能用心者初無過縱令之過亦必改之不能用心者反是用心之效豈不大乎

○子曰吾嘗終日不食終夜不寢以思無益不如學也　無益以下六字一氣讀與無思不服等之語例同此蓋語能思之功與能學之功相同者而言吾嘗終日之久忘食不食終夜之永忘寢不寢以文思因多增益其知正與學增益其知者相如也○論旨前章過者不思也不改亦不思也因明能思則必有其效也

○子曰君子謀道不謀食耕也餒在其中矣學也祿在其中矣君子憂道不憂貧　餒氣餒也祿天祿也君子唯謀順道不如小人

專謀得食其故何也耕者以常情言之當得食者然君子意不謀道而謀食耕也氣餒必在其中矣學者以常情言之當難得食者然君子意謀道而不謀食學也天祿必在其中矣是知君子務奉天祿曾不為氣餒者故君子唯憂道而謀順道不如小人專憂貧而謀得食也○論旨明士當唯學道而思之也

○子曰知及之仁不能守之雖得之必失之　蓋人能學思則其知到及修身及治民之事然其人勉強事仁不能操守其所知則雖暫知得之遂必失之猶不知者也

知及之仁能守之不莊以涖之則民不敬　知既及之仁又能守之則其人於獨善其身足矣然不內氣充實外致盛滿之莊以對涖其民則民無所觀其德故不敬不敬則其行於衆不可望也

知及之仁能守之莊以涖之動之不以禮未善也　知既及之仁又能守之加之莊以涖之則民於敬其人亦足矣然凡事之動作不以古宜於衆之禮則必有所礙塞故未可謂善也○論旨明學思而謀道之大要也

○子曰君子不可小知而可大受也小人不可大受而可小知也　蓋君子之材不止於小而其德大故言不可以小事知其人而可當大事受重任也小人其材止於小而其德虛故言不可當大事受重任而可以小事知其人也　○論旨見君子能學思而謀道小人不能之故有此異也

○子曰民之於仁也甚於水火水火吾見蹈而死者矣未見蹈仁而死者也　蓋仁者勉強居於人之相輔相安之道之德而凡人之所得達其生者一依於仁也水火者亦民食之所用以生而不可一日無之者也然人之於仁賴是生而其不可無者比諸水火之不可無者甚焉且水火人若褻狎之有爲此死則水火猶可畏矣如夫仁行未有賴此而死者則宜無所憚而人何不爲也　○論旨見君子此亦唯能學思謀道故樂依乎仁小人不能故難依於仁也

〇子曰當仁不讓於師弟子凡百常行不可不讓矣唯當有成仁之事則本爲人謀不爲身謀故雖所尊之師不用相讓躬直自任行之而可也〇論旨見平常學思謀道者而能之也

〇子曰君子貞而不諒貞固於正而不渝之旨諒固於偏而不變之旨故二者相似而大不同也〇論旨見前章不讓於師之事貞則誠實而可諒則徇名而不可也

〇子曰事君敬其事而後其食後棄而不講之意也言事君者唯敬重其所事之事而不謀其食也〇論旨見貞則能敬其事諒則不能後其食也

〇子曰有教無類無類當爲反語解之凡省助字而反語者古書中間有之不可不識也言師有教則弟子大槩自類似其教而行之也〇論旨見敬其事者與不能後其食者之異專由乎有教與無教也

〇子曰道不同不相爲謀蓋一事而君子則必思義小人則必思利是其常而

縱與之謀徒致無益故曰不相爲謀也

○論旨見教必道同者而可能類也

○子曰辭達而已矣凡言語文章之辭其旨皆同而其用皆唯假此以要通達其情實於彼而不爽而已不必拘乎其辭之信否也

○論旨見道同者則其辭易達不者則不達也

○師冕見及階子曰階也及席子曰席也皆坐子告之曰某在斯某在斯師樂師瞽者冕名皆坐皆先既坐也非今始坐也再言某在斯歷告以坐中人姓字也師冕出子張問曰與師言之道與子張意凡與師言皆當必如此也子曰然固相師之道也相猶相禮之相也子張所言其意則可故曰然也然其言之非悉可必此故改言其意如此則固輔相師之道也○論旨見夫子之辭達宜以爲法者也

季氏第十六 凡十四章

○季氏將伐顓臾（顓臾國名魯附庸也此季氏貪顓臾之土地將伐而取之時也）冉有季路見於孔子曰季氏將有事於顓臾（二子蓋同其臣而相之也諱伐而曰事也）孔子曰求無乃爾是過與（冉有爲之謀主故特呼其名意兼季路也言此事其實必應汝輩過而教季氏惡也）夫顓臾昔者先王以爲東蒙主且在邦域之中矣是社稷之臣也何以伐爲（東蒙魯國東山之名言夫顓臾者本伏羲之後而先成王之所封固非陪臣季氏所可得而制且其地在魯七百里邦域之中而附庸凡宗國有大事輒爲之用役乃是守魯社稷之大臣而未曾見其可伐者也試問其伐意何如）冉有曰夫子欲之吾二臣者皆不欲也（冉有遜辭獨歸咎於季氏言其伐季氏欲之吾二臣者之意實皆不欲也）孔子曰求周任有言曰陳力就列不能者止危而不持顛而不扶則將

焉用彼相矣且爾言過矣虎兕出於柙龜玉毀於櫝中是誰之過與

周任古之良史兕野牛也柙檻也櫝匱也夫子非不察其遜辭姑就其言而明其不可也周任言凡爲人臣者當先自陳述其身材力之所欲能及者而君授之任因始就其列位然而不能行其所任者則辭止而可也夫子因言如夫相任猶瞽者之相當持其危扶其顚若不能之則相固無用耳且汝言過矣縱令季氏其惡如虎兕又其不惡如龜玉亦逸出於其檻毀傷於其匱則是其典守者之過而其汝之爲過亦明矣

冉有曰今夫顓臾固而近於費今不取後世必爲子孫憂

固謂城郭完堅也費季氏之私邑此冉有既見說破因又作之辭也

孔子曰求君子疾夫舍曰欲之而必爲之辭

言君子人聞此言則疾夫季氏及汝二人皆實欲伐者而不明言之數數必新作爲之辭說也

丘也聞有國有家者不患寡而患不均不患貧而患不安蓋

均無貧和無寡安無傾不曰吾聞而曰丘也聞者此暗爲季氏語當以爲其心者故也言古之賢諸侯卿大夫者不患土地之寡少而患其班政之不均平不患貨財之貧乏而患其人民之不治安蓋班政均平則無貨財之貧乏上下和悅則無土地之寡少人民治安則無國家之傾覆夫古人用心如是其患常在我故遠人不服則己脩文德以來之既來之則從安撫之

今由與求也相夫子遠人不服而不能來也邦分崩離析而不能守也而謀動干戈於邦內吾恐季孫之憂不在顓臾而在蕭牆之內也以二子更對季孫而言故揚稱其名也干楯也戈戟也蕭牆屏也言今二子亦宜以是爲心而二子之相季氏不然昔者魯之遠國淮夷萊夷東夷之屬來朝今者不服而不能來也四分公室家臣屢叛分崩離析而不能守也然而曾不之反顧慢謀動干戈於邦內之顓臾夫以外不服內崩析之勢而言之吾恐季孫之憂不待在後之顓臾而近在家臣蕭牆之內也○論旨明

相主與相師實同其道矣
且見二子其辭不達也

○孔子曰天下有道則禮樂征伐自天子出天下無道則禮樂征伐自諸侯出自諸侯出蓋十世希不失矣自大夫出五世希不失矣陪臣執國命三世希不失矣天下有道則政不在大夫天下有道則庶人不議蓋禮樂征伐天下之大權而大者已失則小者隨之僭亂莫所不生焉故天下有道則自天子出天下無道則自諸侯出蓋徵諸往昔自諸侯出者大抵其世數之永傳亦十世希不失矣自大夫出者道又曲一重故世數減半矣陪臣而執一國之命者則愈又減半矣故天下有道則大夫唯議政而其出之不在大夫天下有道則庶人議且不爲天下無道則反之也蓋夫子之時有下二事故併警戒之也○論旨因前章論當時又見世之不可不恐懼者也

○孔子曰祿之去公室五世矣政逮於大夫四世矣故夫三桓之子孫微矣

魯自文公薨公子遂殺子赤立宣公而君失其政歷成襄昭定凡五公逮追及之意也自季武子始專國政歷悼平桓子凡四世三桓三家皆桓公之後言魯公室之失其祿既五世矣而其政逮於大夫父子相紹執政又既四世矣此政出於大夫五世希不失者故今夫三桓之子孫且微矣即以警戒三桓後果為家臣陽虎所執聖言驗焉○論旨即實前章之言

○孔子曰益者三友損者三友友直友諒友多聞益矣友便辟友善柔友便佞損矣

凡交友中所有益於己者三所有損於己者三蓋友直則使我自羞邪曲而弗敢為又以得聞己過也友諒則使我自除陰慝而少所私因以得身處於公明也友多聞則使我多聞前言往行而有所監戒又以得廣其智進其德也便辟者巧便以辟人之所忌友之則己有驕恣無所由抑也善柔者其人無志氣苟且偷合無所不聽從友之則己有非理無

所由知也便佞者巧便爲辭以掩人之疵瑕者友之則己有不善反惑其言以爲善也○論肯國之興亡與人之善惡實同其機皆有其漸也且朋友之所資亦猶瞽者之相故也此章以下多敘以其可監戒者耳

○孔子曰益者三樂損者三樂樂節禮樂樂道人之善樂多賢友益矣樂驕樂樂佚遊樂宴樂損矣　凡歡樂也

所有益於己者三所有損於己者三蓋節禮樂者平日行事取其義於先王禮樂以爲之節度也道人之善者是以其善爲美而欲企傚之也多賢友者日以知己之不肖也夫知己之不肖志慕善良以大義爲行事之準則德靡不以益矣驕樂者驕傲以安逞其心也佚遊者不事其事而從無用之事也宴樂者沈湎飲酒相群以親間燕也夫縱慾放意任氣則德靡不以損矣○論肯郎以監戒之更切者也

○孔子曰侍於君子有三愆言未及之而言謂之躁言及之而不言謂之隱未見顏色而言謂之瞽　愆者彼此

所思相差違之謂也言學者侍坐於君子之間動有三愆不可不知而戒也言未及之而言則君子謂彼欲行以已者而躁言故謂之躁也言及之而不言則君子謂彼搆門戸設城府者而隱匿故謂之隱也未見顏色而言則君子謂彼不能辨物之實者而妄語故謂之瞽也凡此三者其意雖不必然亦君子遇之不得不如此故皆謂之愆也○論旨此章亦以類明三愆之損者也

○孔子曰君子有三戒少之時血氣未定戒之在色及其壯也血氣方剛戒之在鬭及其老也血氣既衰戒之在得

血氣者人之體內血中所運之氣而使人易懷於其體便之性也而其爲物固君子小人所共同有是以雖君子有此三戒也言尋常人少之時血氣未定而佚蕩故其戒之尤在色慾矣及其壯也血氣方剛而盛實故其戒之尤在爭鬭矣及其老也血氣既衰而慊乏之故其戒之尤在貪得矣○論旨此章就人之自然有此者而戒之前章三愆就其心無有之愆而戒之其戒益備爲學者宜深用心

○孔子曰君子有三畏畏天命畏大人畏聖人之言小人不知天命而不畏也狎大人侮聖人之言 蓋天命之可戒愼恐懼如臨深淵如履薄氷故曰畏也天命者天之明命而其爲物常行乎人之中令人見善知善見惡知惡者是也而人能奉其命則天祐之逆其命則天罰之其吉凶禍福可必而不可貳者是以君子常戒愼恐懼抑己克慾敬畏是命而不敢違也大人者即與天同其德者是以君子又敬畏大人而不之違也聖人之言亦善紹述是旨者是以君子又敬畏其言而不之違也小人則不知天命之爲物所然者而不畏是以常肆己逞慾無所不爲故又狎褻大人而不畏又輕侮聖人之言而不畏也○論旨三畏與三戒相反對見奉天命者乃君子放血氣之慾者乃小人也

○孔子曰生而知之者上也學而知之者次也困而學之又其次也困而不學民斯爲下矣 之字指言人道與天命所

相符之達道也言不待教學唯從其生而善知其道者此於衆民中最尊上也因學聖人之道而始知其道者其次也因困人事之艱而學之以通知其道者又其次也雖數困人事之艱而猶無意於學以通知之者此於衆民中爲卑下矣○論旨因能奉天命及制血氣之慾者與不者而見人物大有尊卑也

○孔子曰君子有九思視思明聽思聰色思溫貌思恭言思忠事思敬疑思問忿思難見得思義 言視物思其明而無錯聽事思其聽而無誤顏色思其溫而與人和容貌思其恭而與禮合言語思其忠而不欺行事思其敬而不違有疑思其問而正之有忿思其至於難理見得財思義不敢取也凡此九者皆所爲血氣易累而能思之則得以與夫道合矣○論旨明能制血氣而奉天命之方也

○孔子曰見善如不及見不善如探湯吾見其人矣吾聞其語矣 言見人有善言善行則急於其欲有之譬如追奔不及者而嘉慕之見人有不

善之言行則已欲無之譬如探熱湯者而畏懼之此頗難有其人然人固有善善惡惡之心則其智稍明者必能類之故曰吾見其人也

隱居以求其志行義以達其道吾聞其語矣未見其人也言我身居於不顯之地曾不求世榮唯以求知其志因終身行其義以達其所志之道於後世是誠信道之至篤者而世難有其人矣故曰未見其人也○論旨此章示得知前章之要又見知命之至者也

○齊景公有馬千駟死之日民無德而稱焉伯夷叔齊餓于首陽之下民到于今稱之駟四馬也首陽山名言齊景有馬千駟此其至富足以施澤於民矣然而無德惠故雖死之日民無德而稱者徒死已伯夷叔齊餓死于首陽之下此其至貧無由施澤於民者然而民義之到于今之久稱之不衰也其斯之謂與此蓋夫子異時之語而記者意惟伯夷叔齊之行當擬前章隱居之言故便舉此云爾○論旨卽實前章

○陳亢問於伯魚曰子亦有異聞乎亦字對常情厚其子者言之也異聞謂別異聞教也對曰未也嘗獨立鯉趨而過庭曰學詩乎對曰未也不學詩無以言鯉退而學詩上之未者未之有也下之未者未學也獨立見當或私之時也蓋詩者民志之所在民情之所會不學詩則其所發言陳志者固陋自肆與世情乖與人情戾難可以通故曰無以言也他日又獨立鯉趨而過庭曰學禮乎對曰未也不學禮無以立鯉退而學禮蓋禮者人倫之所理事物之所宜不學禮則其應事接物之際可否莫辨莫知所適從甚者自鬩其分妄行轉遷不能強立故曰無以立也聞斯二者言此他無復聞陳亢退而喜曰問一得三聞詩聞禮又聞君子之遠其子也遠其子此亦禮中之一事故更曰又也陳亢聞詩之不可不先學其得一也聞禮之不可不次學其得二也易稱父爲嚴君禮

士以上父子異宮不狎昵也孟子以為君子之不教子者勢不行也教者必以正以正不行繼之以怒繼之以怒則反夷矣陳亢蓋又聞是義其得三也○論旨總括前數章君子之義以明其道不出於内配命外順禮也

○邦君之妻君稱之曰夫人夫人自稱曰小童邦人稱之曰君夫人稱諸異邦曰寡小君異邦人稱之亦曰君夫人夫扶也扶助君德之義也自稱小童者謙其遲弱不能夫人之事也稱君夫人者謂與君同敵能為夫人也稱寡小君者謙其寡德不能為君夫人也異邦人亦從前義稱之也○論旨此記者以其所聞錄之以明禮内外所稱同其旨而無私故夫子之於伯魚是其義也

陽貨第十七 凡二十六章

○陽貨欲見孔子陽貨季氏家臣名虎嘗因季桓子而專國政貨以夫子為世見重因

欲與己也孔子不見惡其有不軌之謀也歸孔子豚貨瞯夫子之亡使其所贈物不
得還故曰歸也孔子時其亡也而往拜之遇諸塗貨蓋家臣而大夫者
夫子時爲士故禮不得不往拜也夫子亦候貨他適
之時而往拜之不意相遇於其中途不得復避也
謂孔子曰來予與爾言曰懷其寶而迷其邦可謂仁
乎曰不可好從事而亟失時可謂知乎曰不可日月
逝矣歲不我與曰懷之曰旨兼冒下好從事句曰不可之曰皆貨自代夫子作答辭也亟
者其事不終頻頻相變之意也言我聞曰空懷藏其
可濟世之德而以眩迷其邦人之望可謂仁乎則子
必答曰不可矣又問曰雖好從事於仁而亟誤失時
宜其事不終可謂知乎則子亦答曰不可矣且顧者
日月逝不復矣歲不爲我人相與留止唯今之時不亦可失也孔子曰諾吾將仕矣
貨曰不能知夫子者然夫子不爲辨之但先承其言
來曰諾又就其責夫子之意權曰吾將仕矣其意固

願以其可仕之道故微示其意曰矣也○論旨承禮之無私又見禮之宜權而行者也

○子曰性相近也習相遠也 此即語學習之不可不愼之辭而言凡論人物就其天性未變之初而言之則人性本皆同故雖賢愚猶相近也唯就其或學或不學習熟既久而言之則賢愈賢愚愈愚致大相遠也○論旨見雖陽貨之小人性相近故非不辨仁智但其平常所習遠故無意誠用夫子也

○子曰唯上知與下愚不移 言凡庸衆人姑置焉唯上達之知者日遷於善故愈善下達之愚者日遷於惡故愈惡不相移易也蓋雖至愚非不能移但不自移也○論旨愈見學習之不可不愼又見陽貨與夫子乃亦各其不移者也

○子之武城聞弦歌之聲 弦琴瑟也歌歌詩也子游爲武城宰之時夫子嘗之其地偶聞其邑民舍有弦歌之聲而心知子游之所敎也 夫子莞爾而笑曰割雞

焉用牛刀莞爾小笑貌蓋喜之也此言治小邑用化天下邦國之具則似過於其善因以惜不用之於天下也子游對曰昔者偃也聞諸夫子曰君子學道則愛人小人學道則易使也用詩樂與學道也言用詩樂則大小各有其德子曰二三子偃之言是也前言戲之耳夫子所言亦即是旨而唯專有所惜也然恐從行門人或誤聞之因以託戲也○論旨承前章習之可慎以明教之可重也

○公山弗擾以費畔召子欲往弗擾季氏宰與陽虎共執桓子據邑以叛蓋弗擾固非無罪然其本惡季氏之強僭也然則其欲尊公室亦不可知且無人不可移者故夫子欲往而輔之也子路不說曰末之也已何必公山氏之之也先語其不可往之甚故曰末也何必以下更問言夫子將何必求而雖公山氏叛其主者欲之往也子曰夫召我者而豈徒哉如有用我者吾其為東周乎言夫

弗擾苟召我則其召我之意豈徒虛哉將欲有所用我者耳如有用我者吾平生之志願其復再爲東周之盛也○論旨承前章明夫子誠欲興敎化之志切也

○子張問仁於孔子凡但書問仁及書問仁於孔子之類會以記者意有所在故文有詳畧而論次此書者存其舊耳無大異義　孔子曰能行五者於天下爲仁矣請問之曰恭寬信敏惠恭則不侮寬則得衆信則人任焉敏則有功惠則足以使人　言恭敬而守己儀故人不慢侮寬容而待人則賢愚各有所爲適其所欲故能得衆忠信而與人交則人知其可賴故人委任焉勤敏而不怠則能不失時故必有成功惠恕而使人則人亦答其恩故足以使人也凡斯五德者躬能勉强從事者而率皆德於人之事故能行五者則於天下之廣大人皆謂之以爲仁矣○論旨見夫子欲爲東周之大略也

○佛肸召子欲往佛肸晉大夫趙鞅之中牟宰也佛肸亦惡趙鞅之強橫而以叛之者其張公室翦強臣正國是明倫宜正在是時夫子是以欲往也子路曰昔者由也聞諸夫子曰親於其身爲不善者君子不入也佛肸以中牟畔子之往也如之何言其國君親於其身爲不善之行者君子汚之不入其國也子路因意今浼夫子然心憚斥言其非故曰如之何也子曰然有是言也不曰堅乎磨而不磷不曰白乎涅而不緇磷謂減厚而薄也涅涂皂者黑汁也緇黑色也言吾嘗有是言實如子路所云也然彼明其不入輔其不善者而非必謂不足踐其地也因比喻以明己誠不浼則入亦可之義也吾豈匏瓜也哉焉能繫而不食匏亦瓜屬人食其葉而不食其瓜故至秋後其瓜獨纍纍然繫乎空莖之上矣言吾情不能忍如匏瓜空繫而恬然不爲人用者也○論旨復明夫子欲爲人用愈切也

○子曰由也女聞六言六蔽矣乎對曰未也六言即仁知信直勇剛之六德是也蔽猶弊也謂其由是而生之病即愚蕩賊絞亂狂之六病是也居吾語女子路起而對故曰居也而其意蓋欲使子路去其躁氣聽之也好仁不好學其蔽也愚好知不好學其蔽也蕩好信不好學其蔽也賊好直不好學其蔽也絞好勇不好學其蔽也亂好剛不好學其蔽也狂蓋學者所以知道而不好學則不知其道故仁則多徒自勞心而愚也知則多動於無益而蕩也信則必果無所顧而賊也直則留不容他事而絞也勇則敢干犯紀綱而亂也剛則進取不知止而狂也○論旨見前章夫子之事出乎好六言無六蔽子路則未能然也

○子曰小子何莫學夫詩言童子年少輩何無有欲學夫詩者乎學宜最先學詩故特勸小子詩可以興可以興起其從道之善心可以觀可以觀察人之情僞及得

失。可以群，可以群立於衆人之中而不畔。可以怨，可以怨惡喜怒皆能中其宜。邇之事父，遠之事君，內而約其義言之乎邇，則事父之道；外而約其義言之乎遠，則事君之道。多識於鳥獸草木之名。言於鳥獸草木之名而達識其異義於意表者亦多有之也。○論旨見前章所謂好學者，即好學詩之謂，而六蔽亦固可以無之也。

○子謂伯魚曰：女爲周南召南矣乎？人而不爲周南召南，其猶正牆面而立也與？周南召南者，詩三百之首，而周南專陳配命修德之旨，召南專述勤禮務義之旨，而二者相待，猶車之左右輪，故特曰周南召南也。爲者，謂身學爲其德也。其者，謂其暗愚不見人事之近也。牆面喩無所見，立喩不可行也。○論旨復見詩愈不可不學也。

○子曰：禮云禮云，玉帛云乎哉？樂云樂云，鐘鼓云乎哉？言今人每聞古人屢禮云又屢樂云，輒謂徒玉帛鐘鼓之云，此大不然。禮者所以明義倫理庶物，樂

者所以繼人志成順德而玉帛鐘鼓亦不過假此以爲之資不則二者皆爲虛器矣○論旨承言詩以又明禮樂之用固非細小也

○子曰色厲而內荏譬諸小人其猶穿窬之盜也與

窬門邊小竇穿窬謂穿牆爲其行竊之道路如窬形也言顏色壯厲爲邊義而其內實荏弱無所操者譬諸小人之所行其畏人知之賊情猶穿窬之盜也○論旨詩禮之學廢而乃有此人益見學之不可無也

○子曰鄉原德之賊也 鄉原推原鄉人之所好而行鄉人以爲愿者也蓋似德非德亂害乎有德之人故謂之賊詳見孟子末篇○論旨見前章以壯厲之顏飾外者此章則以德行之狀飾外者皆詩禮不行之弊使然也

○子曰道聽而塗說德之棄也 言道路上偶聽善言然前塗直以口說爲自識者不嘗思體驗親履之是自棄其可成之德也○論旨見此亦徒文於口者也

○子曰鄙夫可與事君也與哉 鄙夫以利其身為心者也哉歎其不可與同之甚也 其未得之也患得之既得之患失之 之指富貴貨財之類患得之謂患難得之患失之謂患恐失之 苟患失之無所不至矣 言患失之則其於保護之無所不為而人之禍災一切不顧也○論旨見前三章要之皆出乎其心之鄙也

○子曰古者民有三疾今也或是之亡也古之狂也肆今之狂也蕩古之矜也廉今之矜也忿戾古之愚也直今之愚也詐而已矣 疾者於中正之道有所失之謂也言古者民有三疾自以此為其疾今也雖其疾尚或是之亡也古之狂者進為過度故其行跡肆今之狂者初無所見故其心徒蕩古之矜持者過明彼我之分故廉今之矜者徒立己威稜故忿戾古之愚者以不知為不知故直今之愚者以不知為知故詐蓋古之三疾猶有善可觀今則徒有其疾故曰而已也○論旨見古者有激

故學則其疾易救矣今則無之故其疾難愈也

○子曰巧言令色鮮矣仁　解已詳前○論旨以明前章愚而直之類皆大賢於愚而詐之徒也

○子曰惡紫之奪朱也惡鄭聲之亂雅樂也惡利口之覆邦家者　朱正色紫間色雅樂正也鄭聲淫也利口言非類是樂曲混直者也覆覆亡也此章主惡利口句如上二句不過類喩之故特省也字用者字○論旨即見巧言令色可惡之實

○子曰予欲無言　蓋教之所貴者在於其實行之苟能實行則言語無所用焉如不能實行則言語之華祗以資禍耳夫子之時世能實行者鮮矣故夫子厭之偶欲無用言語之弊子貢曰子如不言則小子何述焉　子貢恐如深默不言則夫子之道湮沒而門人小子無所傳述也子曰天何言哉四時行焉百物生焉天何

言哉 此復以明雖無言語然教化之實能行則一切無言語亦道可傳述也○論旨與前章惡利口照應以見夫子舍言華欲教實也

○孺悲欲見孔子孔子辭以疾將命者出戶取瑟而歌使之聞之 孺悲魯人蓋其欲見之意專在乎欲資言辯而無意於受實教者故夫子辭以疾此時夫子在室孺悲在堂其將命者僅出室戶夫子輒取瑟而歌使孺悲知其不欲見而託以疾也願孺悲有悟於茲○論旨卽證夫子欲無言而教之事

○宰我問三年之喪期已久矣 言父母之喪三年則其制過永期年亦既已久矣 君子三年不爲禮禮必壞三年不爲樂樂必崩 此欲明其過永之說先言有禮樂壞崩之大弊禮必壞者謂禮文之以義貫攝者遺忘放散失其統緒擕工之解弛隳以失其成形也樂必崩者謂樂文之以聲和協者荒忽畔渙失其適會擕出之形潰勢分

以類其所封也舊穀既沒新穀既升鑽燧改火期可已矣沒謂盡也升登熟也燧取火之木也此即證一二物皆期而一新以言父母之喪亦期而可已也子曰食夫稻衣夫錦於女安乎曰安女安則爲之夫君子之居喪食旨不甘聞樂不樂居處不安故不爲也今女安則爲之蓋三年之喪則禮之至重者而雖宰我不過言懼禮樂之壞崩以作之辭故夫子不答其辭唯責其意之不可因言知汝所欲者將以夫三年食稻衣錦者也有人問汝曰之安乎則汝必答曰安汝果安則爲期之喪食稻衣錦夫君子之居喪則食旨不甘聞樂不樂居處不安是其素情而非矯飾以爲之者故不爲期喪也今汝獨安則爲之蓋不可敎督也宰我出見夫子之不悅懼而退出也子曰予之不仁也子生三年然後免於父母之懷夫三年之喪天下之通喪也予也有三年之愛於其

父母乎此夫子恐門人聽者或惑宰我之說因明其非言予之用心非人情不仁甚也夫子生三年父母出入懷之然後始得稍自立是父母於其子無有所愛惜於三年之鞠養也然則爲之子者於其答之亦罔不宜愛惜三年是以先王立之以爲天下之通喪也然而宰我獨似有愛惜三年而作此說豈可不謂之不仁乎哉○論旨見如宰我之言辨適足以害道乃亦夫子所以欲無言也

○子曰飽食終日無所用心難矣哉不有博奕者乎爲之猶賢乎已博局戲也弈圍碁也言其身但徒飽食終日之久無所小用心者其於立世難矣哉世不有小人所能識之博弈者乎爲之有所用其心者故猶賢乎已而不爲用心者也○論旨見夫子欲無言本唯欲其深用心者而如宰我則罔不能用心者也

○子路曰君子尚勇乎子曰君子義以爲上君子有勇而無義爲亂小人有勇而無義爲盜尚上也蓋義所以制己慾

從道之宜故君子於行義則勇亦以爲其所尊上如偏有勇而無義則用勇於己慾是以在上君子則大而爲亂在下小人則小而爲盜也○論旨見用心則勇亦爲貴無用心則勇徒作害也

○子貢曰君子亦有惡乎（對庸常人而曰亦也）子曰有惡惡稱人之惡者惡居下流而訕上者惡勇而無禮者惡果敢而窒者（訕增加其惡而謗之意也窒不通人意之意也蓋人之惡則於己非有增損然而喜）

稱人之惡者是爲怫乎天性者故君子惡之身居下流謗其恩澤者而猶謗訕其上是爲酷非人情者故君子惡之夫人之爲人正得以禮及教爲人矣然而今勇而無禮者是其於無禮爲無所不爲者果敢而窒者是其於教誨爲末由受之者苟無禮教則殆非人矣故此二者君子亦皆惡之曰賜也亦有惡乎惡徼以爲知者惡不孫以爲勇者惡訐以爲直者（蓋子貢固有所自惡而先問君子之所惡者故今有夫子之問則其爲子貢之答明矣故惡徼）

上略子貢曰三字微謂邀以察之也訐謂發人之陰私也言其實則猜意微察人意者而已自爲知其實則不孫凌上上歷尊者而已自爲勇其實則據發人之陰私者而已自爲直者皆惡之也蓋君子之所惡者惟在人物之非子貢之所惡者專在交際可厭此其異也○論旨卽見無義之行率皆可惡之略也

○子曰唯女子與小人爲難養也近之則不孫遠之則怨言唯於女子與小人最難能養而使達其生何者親近之則驕傲狎肆而不復遜順遠外之則屈抑慍恚以怨我不情故也○論旨見此難知義者而亦可惡之一也

○子曰年四十而見惡焉其終也已蓋四十乃强立不反之年其習熟至此則於善於惡皆必成其物焉今年旣四十而猶見惡者難復改移之善明矣故曰其終也已○論旨前言可惡者之略故今以勉學者當夙學而不見惡且如陽貨輩卽是其見惡之人而又與習相遠之旨相應學者宜反覆相思焉

微子第十八 凡十一章

○微子去之箕子爲之奴比干諫而死 微箕二國名子爵也微子紂庶兄箕子比干紂諸父 孔子曰殷有三仁焉 蓋微子不忍與紂同滅以絕其宗廟之祀是以遯去之箕子冀紂之有回心是以甘爲之奴比干不忍坐見紂之無道是以直諫而死故三子其所行雖異然其重宗廟愛骨肉以身殉其義之心則一皆足以師法後世而不朽矣故同稱之以三仁且用焉字○論者前篇末章多言無義之人此章因舉有仁之人以反映作之篇首

○柳下惠爲士師三黜人曰子未可以去乎曰直道而事人焉往而不三黜枉道而事人何必去父母之邦 士師獄官蓋小官也黜貶黜也柳下惠似一黜當即去者然三黜尚不去故或人詰之柳下惠因明其不去之意言我以今之直道去而事人則天下皆擠吾魯國復必取黜辱耳如欲枉道而事人則其取

樂進吾父母之國亦國可能不待去之也○論旨此章亦即舉有德稍見其異同使學者參考之也

○齊景公待孔子曰若季氏則吾不能以季孟之間待之曰吾老矣不能用也孔子行此景公與群臣議待夫子之事言孔子大賢宜授之以知魯亞卿之祿秩既而公又言吾既老矣不能竭用孔子之道也蓋景公有意於尊寵夫子以誇耀其國華而非有意於用夫子之道夫子則其志唯在行其道而非欲身之貴顯也故夫子聞之即去爾○論旨見柳下惠不爲黜辱枉其道夫子不爲富貴動其志是則同而於其去不去之義則頗有不同也

○齊人歸女樂季桓子受之三日不朝孔子行歸與歸豚之歸同女樂女子善歌舞者時魯定公十四年孔子爲司寇攝行相事齊人懼歸女樂以沮之三月不朝三月不聽政也蓋桓子受之則夫子之道不行既明矣然猶俟三日則夫子去父母之邦遲遲之情與去

他國不同也○論旨明就其去之中而亦有小異義也

○楚狂接輿歌而過孔子曰鳳兮鳳兮何德之衰往者不可諫來者猶可追已而已而今之從政者殆而

此時楚昭王聘夫子夫子適楚有狂士名接輿迎夫子之車歌之以諷故曰過孔子而後文又曰孔子下也鳳靈鳥兮者語有所贊也三而字下皆有略折此勸夫子言宜如鳳宜如鳳何則鳳必出於盛世今夫子與鳳同其德而何獨出於衰世妄求遇於世是甚不可也然其既往者不可諫但將來者猶可追而改也故復勸夫子宜速已其所求而可也宜速已其所求而可也何則今之從政者徒甚危殆而已

孔子下欲與之言趨而辟之不得與之言

與猶言為也夫子下車欲為接輿言君子出處之義也而接輿果敢不欲聞人言趨而辟之所以有狂者之名故夫子不得為之言也○論旨接輿亦卓然奇士然不知聖人欲濟世之心因見夫子之大義不以凡常易知也

○長沮桀溺耦而耕孔子過之使子路問津焉時孔子自楚反乎蔡偶見其不用牛耕而二人對耦執耜以耕其田因知其隱士非常人於是欲借問濟渡處以觀其人使子路問之也記者欲見其意故耦耕間特揷而字又下焉字長沮曰夫執輿者爲誰子路曰爲孔丘曰是魯孔丘與曰是也曰是知津矣此長沮亦知其問者非常人因先問執輿者爲誰也蓋子路下車之間夫子代執輿轡也曰是知津矣者蓋譏諷夫子言是求世遇奔走四方之人故能自知津處也問於桀溺桀溺曰子爲誰曰爲仲由曰是魯孔丘之徒與對曰然曰滔滔者天下皆是也而誰以易之且而與其從辟人之士也豈若從辟世之士哉耰而不輟滔滔其勢不可限制之意也易猶易邑之易也此子路已知長沮之不可復問故更問桀溺而桀溺已知子路乃復問孔丘之徒者

亦欲譏其失所從也滔滔以下言方今天下無貴無賤滔滔乎無禮義之勢日彌甚天下皆是也然則天下誰有以其無禮義之身易夫子輩好禮義之心者其辭之必矣且汝與其從夫子避人見晚之士不若從吾輩早見幾避世之士也耰而不輟者極見其無復他意也

子路行以告夫子憮然曰鳥獸不可與同群吾非斯人之徒與而誰與天下有道丘不與易也

告以其言直告也夫子悵其果於遺世之操心堅定出乎意表故憮然也言如彼所言世人不識禮義皆如鳥獸則不可與同耦故吾亦從二人之言然世本固非如此者唯無教導之者故如此耳故斯人固非鳥獸吾非爲斯人之徒欲行道而爲誰欲行道乎且天下之廣必有欲行道之人在焉吾不爲其人舍吾所欲之禮義而以易彼好遺世人之言也◎論旨卽承前章稍見聖人欲濟世之心所在也

○子路從而後遇丈人以杖荷蓧子路問曰子見夫

子乎丈人曰四體不勤五穀不分孰爲夫子植其杖而芸高年曰丈人蓧竹器四體不勤者諷其所問無禮貌也五穀不分者諷其不辨長幼之節也孰爲夫子者言子不執禮不敬老如此尚以誰稱夫子乎不賞承師敎者也植謂立之也除草曰芸子路拱而立子路聞其責己懼失敬老之禮故悚然起敬更拱而立也止子路宿殺雞爲黍而食之見其二子焉丈人嘉子路敬己止其行因享之且見其二子以答敬長之禮也明日子路行以告子曰隱者也使子路反見之至則行矣子路反反字及後丈子字皆從福州本使子路反見之者蓋欲有所告也至則行矣者丈人隱於世之心堅定而不欲有所聞因避之去故子路空歸也於是夫子述其所見以非之子曰不仕無義長幼之節不可廢也君臣之義如之何其廢之欲潔其身而亂大倫君子之仕也行

其義也道之不行已知之矣言丈人已隱退田野而不仕是無義也然彼知見其二子之事則能知長幼之節不可廢也苟知長幼之節不可廢則特於君臣之大義知之何其廢之哉然而彼去其仕而隱此徒欲潔其獨私之身以亂君臣之大倫其不可實甚矣夫君子之仕也唯欲行其身所可仕之分義也故君子雖知道之不行亦唯自行其分義而已○論旨既明夫子欲濟世之心是其聖人之分義不得不然者而知諸隱士則皆廢其所以為士之分義者也

○逸民伯夷叔齊虞仲夷逸朱張柳下惠少連民者對天而言也逸民謂脫出世俗之氣而各立其一行可觀者之士也此記者先欲知此七人者其行雖異其德則可同以逸民稱者也虞仲蓋吳仲雍之曾孫也其行事未詳夷逸蓋伊尹以其音近轉也朱張未詳其人少連東夷人也其行事亦未詳子曰不降其志不辱其身伯夷叔齊與蓋二人自守其道而不合不仕又恥居其非位故云爾也謂柳下惠少連降

志辱身矣言中倫行中慮其斯而已矣柳下惠雖非其君而且立其朝雖遇其黜而且居其位是降志辱身也曰何必違父母之邦是言中倫也曰焉往而不三黜是行中慮也其斯而已矣者言此二人雖有小異略不過如斯言也朱張者亦蓋如斯人耳

謂虞仲夷逸隱居放言身中清廢中權湯使人以幣聘之囂囂然曰我何以湯之聘幣爲哉我豈若處畎畝之中由是以樂堯舜之道哉是隱居放言也耕於有莘之野湯聘之不受是身中清也初事於夏桀惡其凶虐而去之是廢中權也

我則異於是無可無不可孟子曰孔子之去齊接淅而行去魯曰遲遲吾行也去父母國之道也可以速而速可以久而久可以處而處可以仕而仕孔子也蓋道者存乎天下矣士當身任以弘之而如守不降辱則或與夫天下之道絶矣安居降辱則或天下之道無所任矣隱居放言則何以弘之之故夫子獨異於是無可無不可者言事初無必其可爲亦無必其不可爲唯義之與比也○論旨見逸民乃隱士中之善者然獨夫子善合乎中庸而已

○大師摯適齊亞飯干適楚三飯繚適蔡四飯缺適秦鼓方叔入於河播鼗武入於漢少師陽擊磬襄入於海

大師以下諸樂官皆殷紂時人漢書禮樂志云殷紂斷棄先祖之樂乃作淫聲用亂正聲以悅婦人樂官師瞽抱其器而犇散或適諸侯或入河海董仲舒對策亦云紂逆天暴物殺戮賢知守職之人皆奔走逃亡入于河海齊楚蔡秦皆殷時已有此國名河河內漢漢中海海嶋也周禮春官大司樂王大食三侑謂樂三奏也大食朔望食也白虎通云王者平旦食晝食餔食暮食凡四飯諸侯三飯大夫再飯此雖周制然疑因殷禮者耳大師樂官之長也鼓擊鼓者播搖也鼗小鼓兩旁有耳持其柄而搖之則旁耳還自擊者也少師樂官之佐也摯干繚缺方叔武陽襄皆其名也蓋皆同避無道者然有意於爲用而去者曰適無意於爲用而去者曰入也 ○論旨見此七人者要之皆足以逸士稱然或適或入亦皆未得與夫子同者也

○周公謂魯公曰君子不施其親不使大臣怨乎不以故舊無大故則不棄也無求備於一人

魯公周公子伯禽也施與勿施施勞之施同言君子其於親戚一以同體雖爲之勞力太甚猶己自勤吾事而不以其恩施其親也大臣者蓋所任社稷之重人君遇之當一有其禮而不使其大臣怨乎君不以其禮也故舊者在昔各爲其用者今雖不爲之用無大故之惡逆則不敢以遺棄之也人各有短長當舉其長舍其短故君子不求備於一人也蓋上三句即語君子之事故用也字以分別之下一句則周公特戒伯禽之語故不曰不求而言無求也○論旨上三言即見殷紂無君子之道故賢人去之下一言以戒學者前章諸賢與夫子雖異不可妄議之唯學者各自成其材而可也

○周有八士伯達伯适仲突仲忽叔夜叔夏季隨季騧

八士蓋成王時人姓南宮汲冢周書克殷解云乃命南宮忽振鹿臺之粟乃命南宮伯達與史佚遷

九鼎南宮忽即仲忽南宮伯達即伯達也當據此爲是伯适之伯謂次伯也下皆准此此章亦記其材能行誼皆足同以士稱者也○論旨即明學者不必求備唯成其一行足觀則亦可也

子張第十九 凡二十五章

○子張曰士見危致命見得思義祭思敬喪思哀其可已矣

見危致命者謂見其君父若兄弟朋友之危難則身不避死而營救之也見得思義者謂見利於己之事則思義而不苟利其身也祭思敬者謂能自竭誠而思不違鬼神之情也喪思哀者謂能自用情而思深體亡者之心也言於此四者能行之則不必待多而其人可以稱士也○論旨前篇夫子之道及三仁等其義廣博故恐學者汪洋望之而不能睹其津涯故承八士以示其近要者耳

○子張曰執德不弘信道不篤焉能爲有焉能爲亡

執與執禮之執同蓋執德弘則有執德之實故其成可必矣信道篤則有信道之實故其行可必矣若夫

不弘不篤者之於道德其有其亡無所可期也○論皆明前章四行皆由斯弘篤而得之故不如前章之言則不足以謂士也

○子夏之門人問交於子張子張曰子夏云何對曰子夏曰可者與之其不可者拒之子張曰異乎吾所聞君子尊賢而容衆嘉善而矜不能我之大賢與於人何所不容我之不賢與人將拒我如之何其拒人也交與友淺深不同交是告名識面通問交言施報往來者之謂友乃情誼欵厚而同其志趣者之謂不可不辨識也可者不可者謂可得益者不可得益者也子夏之言蓋爲其門人好泛交無所擇者特告之也子張因舉交之方正其言之有弊言凡君子之交於人見賢者則尊尚之如其愚不肖之衆亦優容之於其衆中見善者則嘉獎之如其不能者亦爲深矜恤之也且試論子夏所言之弊設我之大賢與於

人有益故人無所不容此可也設我之不賢與於人無益故人將拒我不容則我無柰之何矣故其拒人之言甚矣不可也○論旨明長道德之方也

○子夏曰雖小道必有可觀者焉致遠恐泥是以君子不爲也　小道謂農圃醫卜及雜技藝之屬也言雖小道能取之則必有可觀者在其中焉然過欲致知其道之遠則恐爲之拘泥不復進達是以君子初不爲學小道也○論旨前章子張所言義頗廣博因明學須簡約不必多也

○子夏曰日知其所亡月無忘其所能可謂好學也已矣　亡者物不可無而無之義言日知吾身所不可無之道德知何而勉成之月無遺忘其所既能行之道德以存之則進學之方復無他故可謂好學也○論旨明簡約長道德之方也

○子夏曰博學而篤志切問而近思仁在其中矣　博學

者謂學之所尋繹貫通義致廣博也篤志者謂志求其義而不得弗措也切問者謂其所學問之義能切當其實而不敢以浮佻也近思者謂其所講究之義不以古觀而必以今察之不以人議而必以己擬之也蓋仁者躬任以勉成其分義是也博學無所不及則其義無不可知者焉篤志能用其力則其義無不可行者焉切問以正實則其義無不精者焉近思以其身則其義無不誠者焉故曰仁在其中矣○論旨明簡約與廣博相合而宜者也

○子夏曰百工居肆以成其事君子學以致其道肆謂官府造作可用之諸器械列置於其中而無缺乏之處也言百工身居在肆中其於器械之求無有缺乏之而能用以得成其造作之事君子亦博學多畜文義無有缺乏而能用以達致其宜行之道也○論旨明前章博學者是其行道之資也

○子夏曰小人之過也必文與君子對言故曰之也言君子過則能自改之

小人過則必從而掩飾之也○論旨見雖博學然有其實者而改過無其實者則虚文徒用於掩飾也

○子夏曰君子有三變望之儼然即之也温聽其言也厲三變者謂他人與君子相接之時以意測之覺凡三變也君子道德凝成故初遥望之時其貌儼然不可動也君子內畜文義故既進即之時其顏色反温然不見露稜也君子志操致遠故既而又聽其言也反復辭氣激厲覺未嘗少懈弛也○論旨見君子內大有其實故其所見於人者自如斯也

○子夏曰君子信而後勞其民未信則以爲厲已也信而後諫未信則以爲謗已也厲猶病也言君子其身所言行常信而後勞其民諫其君故民雖勞而不怨君不得不受其諫也若其身之言行未能信而以勞民則其事雖善民以爲徒厲苦我以諫君則其言雖善君以爲徒毀謗我是以君子必信言行也○論旨見君子有其實之効大矣

○子夏曰大德不踰閑小德出入可也大德小德謂大之德其事關係乎小之德也閑防也所以止物之踰越言學者須愼大德不踰其閑不得已而小德爲之出入不能相全猶可不踰大德之閑也○論旨前章專尚信因恐學者或爲之拘束故以此補之也

○子游曰子夏之門人小子當洒掃應對進退則可矣抑末也本之則無如之何洒掃灑水於庭掃糞於室也應對應答接對也進退行步周旋也言於近小之事使爲之則可能矣於遠大之道本之則無之能爲也子夏聞之曰噫言游過矣君子之道孰先傳焉孰後倦焉譬諸草木區以別矣君子之道焉可誣也有始有卒者其惟聖人乎噫歎子游而發此失言也子夏意如子游所言徒欲廢近小就遠大者而與踰等多誤人故曰過矣也倦字難通疑傳字音近而訛言君子之道公明正直不容私故敎者爲誰先傳其

道焉爲誰後傳其道焉唯有其材與其志之資者而當自近漸遠自小漸大從序以傳其道耳故學者或成大或成小或不成譬諸草木一區同蒙雨露之養而形狀以殊別矣君子之道焉可知子游誣近小者教以遠大者乎知夫使學者咸能有近小之始又能有遠大之卒者其唯聖人盡天性者而獨能之乎非我輩所企望也○論旨明前章小德亦固不可不慎也

○子夏曰仕而優則學學而優則仕蓋學不外於仕官之用故既仕能行其事而有餘裕則復更以學其大者可也既學能知其義而有餘裕則仕以施之於用可也○論旨見學之大小遠近皆不可不施之其用也

○子游曰喪致乎哀而止言喪雖有斬衰之服哭踊之節其所要不過致哀慕之心故人能致其情乎哀則喪禮之義止於此也○論旨見學固不可不實學也

○子游曰吾友張也爲難能也然而未仁言子張平生所行極

爲人之所難能此誠近乎仁而可貴也然其爲之之心爲身用者尚多而爲人益者較微故未可以仁許此可憾也○論旨見學之所貴正在乎誠實益於人也

○曾子曰堂堂乎張也難與並爲仁矣堂堂高盛貌言子張氣志高邁外貌充盛善則善矣然務外之心勝而務内之意短故恨難相與並爲仁也○論旨此亦前章之旨而見學須虚心而要誠實也

○曾子曰吾聞諸夫子人未有自致者也必也親喪乎曰吾聞諸夫子者尊其所聞而欲人深信之也言凡人未有不學而自然之情實以得能致合道之極者也必也唯親喪獨有之乎喪能本諸其哀心而以行之則不待他求學而雖庸衆人亦可以得能致合其道之極也○論旨見道固本於人之情實然不學則不可得能行其情實是乃所以尚學也

○曾子曰吾聞諸夫子孟莊子之孝也其他可能也

其不改父之臣與父之政是難能也孟莊子魯大夫名速其父獻子有賢德而莊子能用其臣守其政當時如季武子共事同朝改其父文子之政專權自恣襄公十一年春正月作三軍三分魯國祿去公室自武子始假令莊子同武子之惡亦甚易爲而莊子能不與同可謂賢矣此言莊子之以孝見稱也能用其情然能合其道者鮮矣故下一事之外其他皆多可能及也唯其不改父之臣與父之政者能不爲利回而誠有合道之極故是獨難能及也○論旨見前章自致之行而能合乎道者也

○孟氏使陽膚爲士師問於曾子曾子曰上失其道民散久矣如得其情則哀矜而勿喜陽膚曾子弟子言上失其統御之道紀綱已壞民心散亂無所維繫者久矣是以犯法者民而所使民犯法者則上也故治獄者須要得其情由如何得其情由則哀矜其無辜而勿喜寧察其有罪也○論旨復見自致當合乎道之方也

○子貢曰紂之不善不如是之甚也是以君子惡居下流天下之惡皆歸焉史傳紂爲酒池肉林等之事子貢因言紂雖凶暴亡國其不善未必盡如其所傳之甚也然紂作至惡故天下之惡名皆歸其身是以如是之甚耳君子懼其如是是以惡如紂居水之下流衆汚暗濁所歸之地必居上流清明不毫容疑之處也○論旨戒人亡情實則至於不善無所不爲也

○子貢曰君子之過也如日月之食焉過也人皆見之更也人皆仰之過於事上而非過於心上故其改之曰更也蓋君子亦非無過唯事不涉其情而過故以過爲過未曾飾之是以其過也人皆見而知之如日月之食其更也不害其明德人皆仰而尊之亦猶日月也○論旨與前章映見情實之不可不尊也

○衛公孫朝問於子貢曰仲尼焉學公孫朝衛大夫子貢曰

文武之道未墜於地在人賢者識其大者不賢者識其小者莫不有文武之道焉夫子焉不學而亦何常師之有　言文王武王所寓乎禮樂文章而敎人之道雖不行於上位之人未空墜於地猶存在人心賢者特識其道之大者不賢者或識其道之小者故能搜索之其大者小者則於凡文武之道莫所不有焉夫子生此道散在人之世不學而焉得能集大成之乎雖然亦何常一師之有也○論者見文武之道乃原乎人情者而雖夫子之大德亦資此以成也

○叔孫武叔語大夫於朝曰子貢賢於仲尼　武叔魯大夫名州仇武叔自是其所見故公言於朝也　子服景伯以告子貢子貢曰譬之宮牆賜之牆也及肩窺見室家之好夫子之牆數仞不得其門而入不見宗廟之美百官之富得其門

者或寡矣夫子之云不亦宜乎七尺曰伊此以其道德文章之大興譬諸宮牆以喩之言我之人物僅小高及肩故人不待入而一目窺見其內所有之小好即盡焉如夫子之人物則大高數仞是以人不得其門而入之則不能見其內所有道德之善美文章之富贍也故雖門人親受其教者猶得其門路者或之寡矣況武叔而有前言固其當也○論旨更見夫子之道德鑽仰之而彌高大也

○叔孫武叔毀仲尼子貢曰無以爲也仲尼不可毀也他人之賢者丘陵也猶可踰也仲尼日月也無得而踰焉人雖欲自絕其何傷於日月乎多見其不知量也土高曰丘大阜曰陵多與祇同猶言徒也無以爲謂無以爲毀也丘陵喩其小高日月喩其至高踰謂出其上也人雖以下言人縱欲自竭絕死力而非毀之其何得損傷於日月乎徒見其人之不知

己分量之甚也已○論旨復見夫子之道德誠極其高大也

○陳子禽謂子貢曰子爲恭也仲尼豈賢於子乎言獨觀仲尼則不見其甚賢者然使子言之則爲大賢此子恭敬其師者而其實則不過子之儕類也子貢曰君子一言以爲知一言以爲不知言不可不愼也言君子雖一言之微或以爲知然一言之微又或以爲不知今子所言此即不知者言語不可不謹愼也夫子之不可及也猶天之不可階而升也階梯也言千仞之峻猶或可階而升唯天不可階而升夫子之盛德人之不可及猶天也耳夫子之得邦家者所謂立之斯立道之斯行綏之斯來動之斯和其生也榮其死也哀如之何其可及也言使夫子得意邦若家任其政則古所謂欲使民人立其位而立之則其民從斯立或欲使民人從其敎而訓導之則其敎從斯行

或欲使遠人來服而綏撫之則其人從斯來或欲使內外脇同而鼓動之則內外從斯和其生也人榮與之同時其死也人哀與之異世者夫子乃其人而盛德如是如之何其可企及也○論旨遂明夫子之道德近本於人情遠同乎天地也

堯曰第二十 凡三章

○堯曰咨爾舜天之曆數在爾躬允執其中四海困窮天祿永終 咨以次相間也曆數謂帝王相繼之次第也中中正也此堯將讓位於舜而以相告之辭言咨問爾舜於天及人其當相繼爲帝王之曆數在爾躬內所以然者爾平生之行允執其中正公明之心而不愆失故也爾宜恒體四海元元之心以元元不安困窮太甚爲念則天所錫於爾之祿可以得永終不絕也 舜亦以命禹 舜讓位於禹之時亦如堯告舜之旨復以天意命禹也

曰予小子履敢用玄牡敢昭告于皇皇后帝有罪不

敢赦帝臣不蔽簡在帝心朕躬有罪無以萬方萬方有罪罪在朕躬

履湯名玄牡夏牲也此湯將伐桀請命于天之辭言今桀有罪故臣不敢赦而以伐之意誠以爲朕是帝之臣故不敢蔽明以欺天也如簡擇其是非曲直者乃在帝心而非愚慮所能及也致伐之事不當帝心而其罪於朕躬有之則宜速降咎罰而無以萬方同被其災殃也若萬方之人有其罪則己當匡濟之任乃爲有不能矯改之罪亦當自受其咎也

周有大賚善人是富雖有周親不如仁人百姓有過在予一人

賚猶錫也上堯舜及湯之事並皆夫子述之者而此又夫子述武王之事以明三代聖王其所以爲心者一皆奉天命莫不同者焉言周有自天所大賚者使其朝多賢善人是富加之武王以爲雖有此周之親戚愛恤我者不如仁人使己從道行義以利人之厚者武王又以爲百姓有獲罪過於天者在予一人之過所致是周所以受命于天也此下夫子又自述其意以明帝王宜以爲其心者之要也

謹權量審法

度修廢官四方之政行焉興滅國繼絕世舉逸民天下之民歸心焉所重民食喪祭寬則得衆信則民任焉敏則有功公則說權秤也量斗斛也法法令也度制度也蓋權量者其制不均則民起爭亂之本故謹之也法度者制民之紀綱行事之儀則故審之也夫子之時先王之官制並皆廢壞此又仁政所以不得行之由也若能謹權量審法度修廢官以守之法度以明之權量以齊之則四方之政自無暗昧廢閣之患也興滅國者興滅亡之國而立其君也繼絕世者繼絕祀之宗而復其家也舉逸民者其人有賢材若隱伏草野若沈滯下僚者而舉以官之也凡此三者並皆追遠尊賢之事而人心之所願望者故能行斯三者則天下之民歸心也食者民命之本喪祭者人道至情之所在重之以敬其事者所以崇本立忠信也寬則得衆者言情恕而不怒以優容之則無賢不肖皆得其歡心也信則民任焉者言言行不忒則民皆任之以事而不疑也敏則有功者言爲之勤敏不怠則凡事必得成其功也公

則說者言凡處事斷義一行之以公平則民心必悅服也○論旨承前章立之斯立等之旨因載歷世聖王治天下之意及夫子論治務之言以實之也

○子張問於孔子曰何如斯可以從政矣子曰尊五美屏四惡斯可以從政矣 尊奉持也屏除去也 子張曰何謂五美子曰君子惠而不費勞而不怨欲而不貪泰而不驕威而不猛子張曰何謂惠而不費 兼問此餘之四美也 子曰因民之所利而利之斯不亦惠而不費乎擇可勞而勞之又誰怨欲仁而得仁又焉貪君子無衆寡無小大無敢慢斯不亦泰而不驕乎君子正其衣冠尊其瞻視儼然人望而畏之斯不亦威而不猛乎 蓋餒者食之寒

者衣之而不望其報則民皆蒙其利故惠而不費也
君子身自擇可勤勞者而以自取其勤勞又誰怨
君子欲仁而唯得其仁他又焉貪君子無衆寡無小
大一遇之以敬無敢慢小寡又無懼衆大故泰而不
驕也君子正其衣冠尊其瞻視容貌儼然是以人
望而畏之然本非有意於立威故威而不猛也
張曰何謂四惡子曰不教而殺謂之虐不戒視成謂
之暴慢令致期謂之賊猶之與人也出納之吝謂之
有司猶之與人也五字糾挿蓋虐暴賊與有司其所
名不類故特別解之如有司則不待釋明也不
教而殺者上曾不教善而殺之也不戒視成者不宿
戒以其事而卒迫檢視其功之成也慢令致期者不
嚴愼其所令而急要致期會也謂此三者曰虐曰暴
曰賊之義皆是爲上者猶以其殺其不成其怨期之
事授與之於民故以此三惡名也若夫出納之鄙吝
亦有大害生民故謂之有司而居其一也〇論旨本
前章復示政
之至要者也

○子曰不知命無以爲君子也不知禮無以立也不知言無以知人也命者天之命乎人而所以令從道者也知天命則知道之不可不必從不知天命則身且不知道之可從故曰不知命無以爲君子也禮者所以辨人事之可否得失者也知禮則知事之宜行不知禮則不知事之宜行故曰不知禮無以立也言者人心之文心正則言亦正心邪則言亦邪者也知言則知人物是知何不知言則不知人物是知何故曰不知言無以知人也蓋人能學則知命知禮知言君子身立其位必不違道事不失宜又知人以用之則君子之事恰盡乎斯矣是以夫子並言三者也○論旨以其知命結堯舜湯武敬天執中之義以其知禮及知言結尊五美屏四惡之義而其全章之義總括二十篇大旨昔吾先師嘗論此二十篇所相次之義曰學質行爲本文義爲末學而首之爲政以德成德有則爲政次之禮樂有文唯德爲重八佾次之德有小大里仁爲美里仁次之自昭明德務紬繹言公冶長次之君子樂簡簡貴自誠雍也次之夫子好學自信自篤述而次之君子任重去

私凝德泰伯次之夫子公明允執大義子罕次之夫子縕文儀容炳然鄉黨次之君子於禮匪尚華飾先進次之政先脩己天下從之顏淵次之明道以躬以率民人子路次之君子處世行己有恥憲問次之君子尚義不樂安佚衛靈公次之直道自保國脈所繫季氏次之小人自是妨道害德陽貨次之逸民自放聖不謂懿微子次之諸賢斷斷孔門典刑子張次之堯舜執中聖道歸焉堯曰終之而其全篇綱領則學而首章學字與堯曰末章知字相成首尾以明學當知其要而以致之極矣學者豈可不反復審詳以求其義乎哉

論語講義卷之四終

論語集註辨正卷之上

日本 越前 田中頤大壯 著

學而第一 凡十六章

○學而章 朱氏捨先王聖人之詩書禮樂而説學大粗○孟子言性善蓋一時有以也朱於此説性善殊無其謂○朱言復其初此死而後始可能之事豈學之謂乎哉○習字解非凡字解之非有不待一一辨之者故多略之○曰數曰時皆失勸勉之意○如朱説要之經文時字非常字不通○如朱所説喜悅此説學者也○經文不亦乎三字無所可解○經文本以時習直爲悅如程氏説不久久則不能悅故其旨迥別矣○如又曰説亦屬索空○謝氏多增加時字牽強太甚

有朋云云 如朱説經文有字不通當至字○蓋此其爲樂在於自遠方故來篤志之一人明矣而程朱皆徒以其衆爲樂不異乎世之鬻技者專其業盛行稍致富饒大非

人不知云云 君子解粗○如尹氏説爲見君

子之所以爲貴○程不得之其要旨○朱所言之難易是俗情之難易非士君子之心也

○其爲人章　蓋孝弟而不好作亂者固也而有子言之者必大有其由也而朱容易下罷非

君子以下　本解使仁不大徳非○仁解大非蓋別幷于徳物辨○爲解非與解粗○以君子務本二句同爲有子之語因致句尾與字語勢不接○如朱說未見孝弟所以爲貴仁所以爲貴○程以孝弟徒爲順徳然則如堯舜之道孝弟而已之語以何解之至其以孝弟仁義別言於性其說鑿甚

○巧言令色章　此章不識論次此書者之旨則其主意不易曉宜矣諸家不得○不從皇侃本因使語意淺○程說徒教學者流於野耳

○吾日三省章　朱說蓋大不得省字旨○以三爲三事非如其說則三字當在身字下○以傳爲受之於師特非蓋與上二語其語不類且傳下無而字其非足證○尹謝二氏皆無所得焉耳

○道千乘之國章　道解非○註家何不疑於此卒然雜及治國之語且如朱說本文何

不直曰治國而特曰道千乘之國也大無其謂○敬字解非且如敬事而信之全解殆與不下其解者同解此人所易解而下解如此難解則不下解人謂朱又何不下節用而愛人之解如前其爲人章犯上之註簡吾不信也○以三語爲五者昧乎文意者之言也○程謂此語爲至淺大不敬程蓋每多大僻於此○揚氏分解敬信失而字肯又不得節用之本肯○胡氏無識耳

○弟子入則孝章 謹解非與孝弟不接且行有常者成人之事弟子奈何得遽望之○朱以汎字屬賛殊不知謹信及愛衆親仁之務皆是獨限於弟子之事是以其解大粗而不能說文理大非○餘力解非蓋入孝出弟又有何暇日者○六藝二字可刪○圈外諸說究竟皆不識文理者之言也

○賢賢易色章 朱易色說無所據是以微有不喜之意且其語在事父母及事君二大行之上以爲主者以何解之徒云好善非○少竭力等解粗○朱不識文意之輕重慢總言四者非○言生質之美此不識文理故也○游氏謂學之道無加吳氏謂抑揚太過皆妄言耳

○君子不重章 朱云不厚重則無威嚴而所學亦不堅固夫自厚重而自欲威嚴又須威嚴而僅欲學之堅 主忠信 朱言人不忠信則事皆無固決不君子之事 實此痴語且如是則何惟學者可必之哉○朱既謂人性爲善然則人之爲善是順且易之事何謂爲惡則易爲善則難○程究竟妄談耳 無友云云 無解粗○如朱說當無以劣於己者爲朋友人設各如此則人道廢矣

過則云云 如朱說本文憚字非難字不通○蓋過之不可不改何待朱言○朱諸解多不與君子接聖人決無此句破裂之語○設如程言即一言而足矣聖人何煩多言○圈外程言此說夢也○游氏云云余謂君子以忠信爲主何須威重威重則適無德者假之耳故非

○愼終追遠章 蓋愼終追遠是平常之事故民觀而必待其凶而得之也不厚已甚○朱歸厚之說經文歸字非亦字不通○朱以終爲喪則其註中忽字非人情一說爲忽忙義此亦易字不通○朱註省喪祭說改忽作怠改忘作疎則稍通矣○闕德字解非

○子禽問章 以至於是邦作問乃明矣子禽是孔子之弟子而朱又不能解問於之於字因疑子貢之弟子非○抑解大粗

子貢云云 温良恭儉讓解皆大粗○言盛德光輝非○其諸解愚之誰不識是其語離○人解不足○朱云味嘗求之然經文求之二字以何釋之又云就而問之此亦與經文繆○朱本不得其要領徒言德容以欲學者之學非○謝氏不能說其中徒說其外非○張敬夫所言要非經文之意

○父在觀其志章 上二句與下二句其語勢不一而朱連爲一非假如其說本文其行下當有然字○知人與知孝混同且如朱說似孝不可知於其平生者非○蓋所行善而不孝者未之有也朱言強誣甚○尹游二氏所言皆不明了

○禮之用章 禮解不說聖作非和解不穩○以用爲體用之用非蓋如其說本文爲貴二字及之道二字皆屬贅○朱以小大由之句屬上是以有所不行句突出亦不可行四字屬贅○蓋有流蕩

忘返之虞則先王以何由之○程云禮勝則離安有夫天理之節文人事之儀則者而雖勝相離之事哉假言過嚴則離此或過矣引禮勝則離此不可通也○程說亦不可行四字復固不通○范氏以下皆經文外之私說耳

○信近於義章 自信字至宗字其解悉粗○約信嘗改作立信蓋與復字重複○以因爲其身所依文理不屬事大可陋謬甚本文亦字不通○此言以下其意頗佳然文理外之談耳

○君子食無求飽章 朱言不暇及及字非恐有或及之時○據尹氏之言朱亦不識上二事則君子之事下二事則學者學君子之法而同是二事鹵莽讀爲四者是以其解多不得聖語之要旨可謂大謬矣○就有道而正之說非如朱意是直誇示己善耳○尹氏作無益之贅說耳

○貧而無諂章 諂驕字解皆粗且不審其所由生之因非○朱所言守者本不甚明姑就其說而言之常人唯或不自守耳非敢不知所守也且無諂無驕是直守也非唯知之○可解非蓋可自

可何曰僅可○樂解從皇本則本是明自語路亦順朱但強作之私説耳○言子貢貨殖此朱之臆説也○蓋許以下其説拘

○子貢云云　以切磋琢磨分説拘而非○設如朱説子貢當引詩唯自喜其得耳以何曰斯之謂與又何有遽自足之虞強誣甚矣

○子曰以下　朱説誨誨無所小辨○如朱説未見其問答淺深高下之明者要之子貢引詩以下皆屬無用

○不患人之不己知章　不識論旨是以解不得其要且言求在我者特不穩

爲政第二　凡二十四章

○爲政章　政解大粗蓋非此章之義德解大粗蓋與爲政不接○居其所解粗此屬贅共解粗此致不見聖語含畜之妙○朱所謂德者遂不可解○程説愈茫昧范氏説稍近然未能解文意者也

○詩三百章　朱註詩本大晦昧是以至於其説詩亦徙徙不得無誤解○朱以思無邪爲得情性之正然其思者思何物不易知若爲常思無邪之義則學者豈廢學而唯常思之可乎哉若爲思物

而無邪之義則其事豈不近於索空乎朱又爲此一言明且盡足以蓋三百篇然則何不以此言爲三百篇之首人謂朱似禪學者流其言不誣矣○程說亦索空○范氏說似戲諸聖言不敬

○道之以政章　齊解非蓋非一之之意正之之意也免解非蓋非苟免幸免也言無所羞愧非此罪獨歸於民又言爲惡之心未嘗亡非蓋唯不爲懲改也　道之以德　禮解非蓋朱以政與刑德與禮皆爲別物各各說去是以其解多非也○格解非一說亦粗○朱後說謂政刑德禮不可偏廢此大失文理非聖人之意也

○吾十有五章　朱以十五爲學所分而以立大學小學者因以此學爲大學之道大非豈謂孔子自曰小學之道者既學了邪蓋論語中凡言學者捨詩書禮樂而無復言學者矣○以志爲始改志其學之意非設然則本文于字非於字不通　三十　朱意蓋謂以大學之道自立然論語中未曾有之也○言無所事志非豈喪志亦可邪　四十　卒爾無據而言知之明非　五十　天命說大粗蓋

命之字義安在焉且似
言知萬物之性大非
六十
蓋無人而不聲入心通
者且唯似說聽字大妄
七十
朱不言其以何得能然之由大粗○程不信聖
人之言而言其生知大妄程又云昧必然亦大
妄且其解無一所得○胡氏二說皆不足道耳
○朱後說愈妄○朱所謂謙詞者率皆大謬

○孟懿子問孝章
下文明言禮而
爲無違理非
樊遲御
孔子所答
既盡矣唯
恐未達其義也而朱言恐
以從親之令爲孝大非
樊遲以下
禮解牽強○朱
不止於懿子之
身而說孝非爲三家僭禮作說亦非○如朱說不足
爲聖人之言○蓋朱不識在懿子身而無違禮是爲
孝之義且孔子之言及葬祭亦皆懿子爲大夫之
故是以誤解耳○胡氏亦不識此章之義者耳

○孟武伯問孝章
如疾病之說經文之字非是字不
通○蓋疾病則不唯父母其子固
所自患故在父母者疾病之憂不甚大耳○朱說不
容於不識蓋非孝之本義○舊說使父母無憂則是
矣使父母憂其疾
病則何孝之有

○子游問孝章 養解粗蓋與有養之養不接○如朱說經文至於二字不明○闕敬解非此亦登主一無適於養者耶○爲子游深警之不必然○朱及胡氏本視不敬二字淺淺故孝之本義不明○胡氏言深警愈鑿

○子夏問孝章 朱色難說大非蓋誠者本也色者末也末何曰難○饌解不妥會解大非○如朱說經文何不曰容難若愛難但色則不難也○舊說亦非蓋色外也以是事父則不誠以是事君則必佞○朱所謂一說亦通者率皆非蓋說豈初有二者哉○程說蓋悉皆非

○吾與回言章 不違解迕○朱說如愚者似孔子爲知愚非且省其私及足以發說誰人知省其私誰人見足以發亦皆不審要之朱不能詳明此章之文理且不識論旨故不能得其主意也

○視其所以章 以解非蓋爲善者即善人爲惡者即惡人何別謂之君子小人 觀其所由 由解非蓋事苟善而意之不善者未之有也又奚疑○或說亦非 察其所安 視觀

察解皆不明安解非蓋意之所爲者善而其心不樂者亦未之有也

人焉廋哉 焉廋解皆大粗

○程不敬之言耳

○溫故而知新章 溫解非何與溫良解之和厚不同○故解無所原由大非新解亦大非蓋致本文知字不通○知朱說失本文而字意○若夫以下明矣其不得知新之義

○君子不器章 器解不足○蓋體無不具用無不周之人世豈易有其人哉知朱說必使學者馳於過高寧不知成一材一藝之器也

○子貢問君子章 蓋君子言行相顧何必如周氏說相偏且而後從之解不穩甚○如周氏說但曰行而言之可也何使人多費解○范氏有所不識文理耳

○君子周而不比章 周比解皆非正義且不識論旨故其說不確○君子小人之所分但以公私不以義利非

○學而不思則罔章　少學思解大粗且思者不唯求諸心之謂學者不唯習其事之謂○程説匪非此章之義

○攻乎異端章　攻解非蓋於善事可謂專治而於惡事不可謂專治也異端説大非蓋如楊墨者異則異矣不可謂之端也假如其説亦欲精無父無君之學其不可何待聖人之言而後知之○已字大牽強○程説復大失

○由誨女知之章　蓋如此章不與前後章照看則其義難詳明而朱但以好勇作説故誣矣且如朱説此子路以所不知者爲知也子路而有此哉

○子張學干祿章　干祿解大非蓋間之猶是爲子曰鄙况學之乎孔門惡有此事以下尤悔解皆迂○朱説本大誤故其非有不足勝道者○在其中解亦皆大失○圈外鄙矣程言大誣高賢

○哀公問章　錯，解非。闕直枉，解粗。○諸，解非。蓋如朱説，何不曰舉諸直、舉諸枉，而諸字每在其下。○程説大粗。○謝氏不説其所以爲情粗然。或以下非此章之旨。

○季康子問章　闕勸，解粗。莊，解非。蓋此自強矯也。以慈爲慈於衆，大失文理。闕善，解粗。且失本文而字意，又不見有所勸之意，非。○總解不説是文理如何，大粗。○張氏説蓋有之，言與聖意戾。

○或謂孔子章　朱云孔子不仕，故或人疑其不爲政。非。蓋孔子嘗仕爲政，而今適不仕，何足疑其不爲政。　子曰以下　孝乎，解大非。蓋如朱説，本文書下當有不字，不則乎字不通。○不辨本文于於二字，因顛失文理。有字亦不通。○如朱説，不能服或人。○言居位非。○言不仕非。

○人而無信章　闕人而無信，解大粗。○大車小車無所取喩，非。

○子張問章　也作乎説，非。子張而何有此卒爾之問。○朱無所辨文理，非。　子曰以下　馬氏説蓋大非。○如朱説，此不必待聖言，而千萬世不可易者。○三綱五常豈唯可因而已哉。○本文

損益非變易不通○胡氏亦文理外之愚論耳

○非其鬼而祭之章　此章不識論旨則其要旨不可得矣如朱說此不待詳解而可知者

見義不爲　此亦不待解者

八佾第三　凡二十六章

○八佾章　朱闕特稱孔子稱季氏解非闕於庭解亦非○每佾八人說可刪○以孰字爲何事失古義○朱前說蓋原謝氏說以忍爲殘忍之忍意謂季氏其行殘忍弑父與君亦且可爲此大非夫當時三桓之强雖以其君尚不能制之況夫子之不得其位者乎言之無益者君子不發也言之無由者君子不出也奈何聖人而有此無益之言語假如其說及孰字皆不通何其不識文理亦太甚也朱後說蓋本文但當曰是之忍則何事不可忍矣兩可字兩也字原范氏說以忍爲容忍之忍意謂孔子不自容忍設爲政則當先誅季氏此亦大非夫季氏世襲强僭之不可者不待夫子之言而庸常衆人之所知奈何聖

人而獨不之忍以發此出其位狂妄之言假如其說本文亦但當記季氏八佾舞於庭孔子曰是不可忍也朱之贈平文義其如此○范謝二說之非卽辨于上

○三家者以雍徹章 關者字解非繆繆解粗○引之以下不得本文奚字義是以大失聖意○程本不究其委而妄言大不敬

○人而不仁章 註中人而之而字無謂蓋人心亡而後有不仁之行也非不仁而後人心亡也且朱常所說仁心之德者亦覺無謂焉○人心亡者禮樂不爲之用固也安欲之用○不說禮樂之用非○如游氏說本文但當曰如禮樂何何疊言之○程說晦晦○李氏亦不識文理者

○林放問章 知事繁文之非禮本不待疑而可知矣且與語不接故非 子曰以下 如朱說當善其問而不可曰大也○易解非何關奢儉等解○蓋無哀痛慘怛之實者與一於哀者其得失不待聖人之言況曰皆未合於禮而均言之乎究竟朱誤解文理也○范楊二說亦皆不能解文

理耳

○夷狄之有君章　以亡為無非○以君為夷狄之君長非此徒播中國之惡也○尹氏本不識亡字義

○季氏旅於泰山章　旅說粗且非○救解粗且非嗚呼解粗○言神以下蓋非○朱本不識會字義○不享非禮之言就何語而言之○蓋欲季氏止固也進林放等皆失其旨○范說無益

○君子無所爭章　揖讓而升下而飲七字本是一句而朱以升為升堂以下為下堂以飲為復升堂飲古文雖簡安有此一句三事之法且如其說但言事揖讓則足矣何須言下而飲且本文其字不遍言射直為爭亦強矣

○巧笑倩兮章　如朱說但言逸詩則可與言詩之詩不穩○朱以上二句共為質大非蓋語勢重複且詩本不為繪畫言○子夏而何疑以素為飾

繪事後素　蓋考工記所言以功字為

主此章但專明本末前後而
朱不之悟偏以質文說非

曰禮以下 朱說但小粗耳○謝氏說皆非其義○楊氏雖能言之亦不能細解本文者也

○夏禮章 文獻解非蓋語意不屬○朱說似讖二國又似孔子自負者非

○禘自既灌章 朱言非禮大不敬○假如朱說禘非禮則孔子當初不欲觀何待既灌而後始不欲觀哉且失禮之中又失禮者而止曰不欲觀而可耶○謝氏所引者蓋非此章之義

○或問禘之說章 蓋禘說所寓義至大非數字可能贊然其要不過孝順二字孝順則與治天下接而朱妄以理明誠格應又以仁孝誠敬贊皆不得其要旨也○或人非仁孝誠敬之至固也言魯之所當諱亦不爲此○指其掌解固也言明且易無所據非○聖人以下固也

○祭如在章 程言主孝主敬未盡如字義○如朱說當以子字冠祭如上省下子字且聖人之祭如此固也

子曰以下 如朱說此決不聖人之事豈有身不祭而如祭者哉○范氏禮爲虛

之言有辨

〇王孫賈問章　媚解粗〇以寧字爲不如之意不穩〇孔子決無媚衛君之事而言以此諷孔子誣矣且如朱說本文問曰二字當作謂孔子曰何謂也三字當作如何下不然二字亦不接應

〇子曰以下　以不然爲句非〇朱言天即理也此不成語〇朱似曰奧竈之神媚則獲福唯獲罪於天者而不可免文理牽强難通〇蓋媚之不可爲不待辨而可知僅以順理作說非〇謝氏所說何與此篇首二章大異

〇周監於二代章　監解大粗曰損益非郁郁解粗〇尹氏從周說非

〇子入大廟章　鄹人之子說少輕孔子旨粗〇朱說似孔子自言吾所爲是禮者大非蓋他人或當爲夫子辨之孔子豈肯爲與彼或人相抗哉大失聞之二字義〇尹氏亦非同前

〇射不主皮章　科解非〇朱言人力有强弱大非蓋如其說科字屬贅〇朱此章總解大

粗而大失蓋古之道語亦不明○楊氏亦固不解者

○子貢欲去餼羊章 朱爲子貢實欲去之非 子曰以下 朱視告朔之禮不甚尊而其説不詳非○楊氏未得其要者

○事君盡禮章 黄氏説大誤蓋聖人事君以禮固也何須自明之且如其説本文也字不通○程説復大誤而其言更愚

○定公問章 如朱説何限於主禮主忠又何孔子不曰君臣當各自盡其説粗甚○呂氏亦無識以禮以忠之故○尹氏用則字大失聖意

○關雎章 蓋朱詩説一切皆非今就其説而言之求后妃未得因致寤寐反側之憂豈非不經乎且哀者與憂固異又且未見不害於和者不失其正者又何本文不顛倒之曰哀而不傷樂而不淫夫詩者孔門之所先而關雎又居其首而説之如此其誤學者不小小矣

○哀公問社章 社樹說非。蓋戰栗之語不接。且如其說，孔子何不直責其附會之妄語。宰我亦豈對君作妄語人哉。朱爲宰我又言曰字重複。

○子聞之曰 遂事解非。與成事既往不類。○如朱說，宰我所對或當可謂詭辨，不可謂非本意。蓋與前說矛盾。○朱說戰栗本大粗，是以未見甚敵殺伐之心。○如朱說，當宜數宰我謝其誤對，何止爲宰我謹後用此歷言哉。觀他責宰我者，大不類此。

○尹氏何識

○管仲之器章 蓋不知道者可謂識暗，不可謂器小也。且如朱說，孔子自誇知道以陋管仲也。安有此事。

或曰以下 或人疑爲儉說粗。○三歸說非。說苑不足盡信。縱如其說，亦與下句不類。且本文三歸下無又字，則不通。○不攝解不原三歸，故此亦不穩。

然則以下 或人所疑解唐突。○樹解粗。○反坫說恐非。管仲所獻酬非諸侯，焉用此反坫。○徒識無益，又何謂其旨深。○朱後說亦未得其要。○程所謂奢而犯禮者，於器小遠矣。○蘇氏說意頗佳，獨奈何異乎本文之旨。○楊氏說

亦愈遠矣

○子語魯大師樂章 語解大粗○大師樂官孔子雖聖豈有教之之事哉蓋舊來不能解樂其可知之語是以有此妄說耳○闕始作解非○翕字以下解率皆大粗而多非○謝氏說固也不得其要

○儀封人章 得見解非此徒自誇也且失得字義○朱不說記者爲何詳載儀封人請見之辭及事大非○見之解費不如無之○得位二字非不久失位四字無謂○言遠稱之非○朱不識論旨是以大失耳○或說亦大失

○子謂韶章 朱蓋以美爲外以善爲內大非夫善者美之實美者是善之華然則苟盡美者而未盡善者未之有也孔子當但以盡美二字斷之何用一曰盡善一曰未盡善以再斷之○朱斷其實以盡與未盡則是大有優劣而微非武王也非武王者決非聖人之意○程以未盡善爲慙德之事大

非蓋書與此章之旨不同也

○居上不寬章　朱注愛字當作容字蓋寬與愛其旨遠矣○總解率皆粗

里仁第四　凡二十六章

○里仁章　朱以里仁為仁里之意本是顛倒誤解且為美二字不與下句接擇字亦突出處仁不作居之則不通且夫智者何必止於擇仁而居之其非甚矣○失本心之言迂闊而強藏拙耳

○不仁者章　朱蓋大失安字旨○少不可以解粗利解非○失其本心句迂甚兩久字不如刪去○蓋朱所謂本心者仁義禮智也而仁又為本心之天德此當可謂仁者全仁而不可謂安仁矣而又失其本心者如何待久而後濫淫利字亦無謂噫一仁字之不明令聖語晦晦可不懼哉○謝氏以安仁為容易行仁之意大失安字義故其說益晦晦耳

○惟仁者章　惟解粗○無私心者公也好惡當理者智也皆非仁者之謂○如朱說本文但

當曰能好惡人而不可對用兩能字也○謝氏言
善惡非本文之意○無私心三字當改作克己

○苟志於仁章 之言○如朱說在於二字當改作欲
存○楊氏說爲惡以下改作不
至爲人所厭惡七字則可通矣

○富與貴章 蓋如朱說本文其道下當有而字且兩
之字難通語勢亦不穩○於富貴特曰
審於貧賤特曰安不穩○以人之所欲視
之但如小人而不說君子與人同情非 君子去仁
貪厭二字非當改作若妄處富貴去貧賤 君子無終
○朱說仁字本是牽强故其解徃徃牴牾
食終食造次顚沛諸解皆必其要旨蓋如朱說本文
但曰君子無須臾違仁而可也○朱後說用其力
以上語頗佳但與其常說戾耳然字以下當
改作故存養之功益密而取舍之分益明矣

○我未見章 自言二字蓋大失本文我字旨○無以
尚之解非蓋令本文語勢不順○所以
爲仁句不成語○不使加乎其身 有能一日 言不可
解粗○此皆以下亦失本文之意 見失文

意○以一日爲一旦大非○
此一段失與上語接應之義
蓋有之 有之解大非○言昏弱不能大
非蓋無人欲進而不能者矣朱不止不識文理抑失
勸學之旨○言不爲易大失文意○用力於仁語何
與其常說戾○朱
後說究竟大粗

○人之過也章 黨解非○程說本文於字不通似爲有字意妄○假如程說君子或時失
於厚然何常之有若夫常厚則不可謂之失矣小人
常薄苟常則亦不可謂之失矣君子常愛小人常忍
是其分也又何過之謂○本文明言知仁而曰知仁
不仁妄○呉祐之言斷句取義非全章之旨且亦非
知厚薄之謂也○如朱後
說本文當作斯知其類矣

○朝聞道章 道解一家私說耳○以聞字爲悟字意大非朱豈不知乎聞之非難行之是難
且生順或可也死安何爲朝夕解亦非要之釋氏之
說耳○蓋聞道則行之爲貴未之行而死恨無大焉
○程後言愈愚而誣蓋古書不能解
者愼闕之可也○本文矣字不通

○士志於道章　識趣二字此猶似有志於道者非○
解頗不足○蓋志於道者心不役於
外心役於外者志不
在於道程以爲如何

○君子之於天下章　適解粗莫解妄比解非○不說
全章粗而非○謝氏不識文理
強作之
說者耳

○君子懷德章　朱以君子爲二等以小人爲二等大
非○一懷字而爲存爲溺爲畏爲貪
大妄德土及刑惠諸解亦皆大
非○尹氏說大粗而且大非

○放於利章　放解非○多怨解粗蓋少受禍咎之
旨○程說欲字失放字旨且大粗

○能以禮讓章　能字旨不明以爲字爲治意非何有
解亦非此強人也○亦且以下難通

○不患無位章　所以立解大粗而非蓋用者字此其
意指言其實德然則本文所以上當
有無字○程說不敬蓋令
聖人似不能爲簡言者

○參乎章 參乎解大非此與言參也者無甚別貫解非唯解非○孔子稱吾道而以心說牽強設試說聖人之心則有詩書禮樂之文義而用各中其義也而以理說此一家之私言耳○如朱說本文一以不作以一則不通矣○之字暗指萬事大非○曾子之事本不用說且其所言精察力行者不師古徒負己心之理大非○說道體之一此愈以一字爲死字大非且曾子者而豈未之知哉○如朱說曾子胡不謙言之甚也

子出以下 忠恕解皆大粗而已矣解非蓋而字屬無用○則字必猶字誤

○一理當或曰至道夫子之一理者豈不甚狹隘乎

○泛應曲當者以我泛應曲當也萬物各得其所者萬物自分各得其所也一理渾然者死定而至誠無息者活動其語意皆不類矣○無待於推之言大有弊必以我意誤矣○以一理爲雖曾子唯有見於此而難言之者而其自說容易如此居過高甚矣○蓋至誠以下欲說天道合之其私說牽強甚○或曰說愈迂○程說鑿甚愈不通

○君子喻於義章 喻解粗而非義解天理二字其私說耳○利與義不反對大非○程

說失文理○楊氏說大非此章之旨

○見賢思齊章　思齊二字不言所原粗○解頗不足故不親切○胡氏說亦復不親切

○事父母幾諫章　此章與內則所言不同故其解誤○幾解非如其說非微字若徐字則不通且見志二字及又字亦皆無用○勞而不怨四字屬無謂此章焉見父母怒撻至於流血

○父母在不遠遊章　不識論旨故其解不親切○說何甚究暢○范氏說未得其要

○三年無改章　註家意此章誤複出夫復出者書生輩集詩文者猶且不爲况論語羣賢之所反復論選而有之乎何其不思之甚也余不得不排斥焉

○父母之年章　知解大非如朱說本文知字當識字且人誰不識父母之年幾歲者若有不之識者則非人也○喜懼二句解大失文理既喜其壽之事何爲徒懼其衰亦無爲耳

○古者言之不出章　古者解非徒有賤今之意○逮解粗而說頗不足○范氏說此

別言行
之論耳
○以約失之章　謝氏似主言心之約尹氏似主言事
之約何其無卓見也要之不識論旨
是以大粗○如二氏說
本文者字皆屬無用
○君子欲訥於言章　謝氏分說言行大失而字貞○
以訥爲遲鈍之意非○胡氏說
無益朱
載此非
○德不孤章　少德解非鄰解非○以何說必字○鄰
與類固異○朱說牽强視必字如猶字
且其取
喩亦适
○事君數章　數解大粗而非○諫字突出假如其說
本文事字當作諫字事者豈必諫之謂
哉且當諫而不諫非忠也忠焉能無諫乎以我言之
當諫而諫其數之忠也安謂之輕吾正患無其數之
者也若夫求榮求親之人一諫一導尚不之能固也
如此而辱如此而疏子游何爲患之且如其說諫君

不可煩瀆之一言而足矣不須言辱○此非范氏所能知也

公冶長第五　凡二十七章

○公冶長章　朱縲絏說大非知其說本文之中二字無謂在字亦不穩○朱於本文外爲夫子別有所取長大非○朱將以何知非其罪蓋徒據非其罪之語大非○朱本不能解可妻義是以其說大不足無害二字即與可妻之可言必見字重複○夫有以下究竟妄說耳　子謂南容用非蓋非君子之言○南容嘗有愼言之事然與謹義固異之且解頗不足○或曰說固非程辨得是然其不避嫌之言大非蓋不識禮者也

○子謂子賤章　朱說大誤蓋本文魯字無謂者字屬贅語勢亦艱澀且其弟子而稱取法得不似自誇乎○蘇氏說亦復大非蓋取德必其師爲主安有孔子自言之哉

○賜也何如章　器解不足是以說不得其要○華美二字無所取喩大粗○因謂子賤爲

問大非○夫子既以瑚璉許而朱曰歟何也

○或曰雍也章　朱不說或人不知仁而妄言故致夫子不知其仁之言不明非　子曰以下　禦解粗○給解非○言何以下解非蓋失屢字義○不足二字非○非曉之也正其失言也○許仁不許仁問答大非蓋此章不爲其許不許

○子使漆雕開仕章　捨行說信大非○斯解無據假如朱說指理而言之則是指仕理夫未能信仕理者而聖人有使仕之事哉大抵朱多捨文字泛說空理不免爲佛學也○程作禪語耳謝氏說心術之微亦復禪學

○道不行章　言勇於義非○言美其勇大非蓋孔子屢抑子路好勇曾無許與之事況聖人自比較好勇而言之乎如其說本文過我下當有然字○取材解非如其說本文當曰材取

○孟武伯問章　日月至焉解之非許于雍也篇蓋非不知之義也　又問以下

不說其可使治其賦之故，大粗且何限於千乘之國。求也何如 此亦不說其可使爲之宰之故，大粗且何限於千室百乘。赤也何如 其非同上。

○女與回也章 愈解不穩。對曰以下 如朱意本文當曰知九，非知十之旨，即始而見終。此亦不過推測而知，且以一爲始，其二者亦其始者邪。聞一知一既已足矣，學必不可不知七邪。朱但就其言強作之辨耳。○何不試爲顏子言其驗。子曰以下 與解非。○此一段本不易解，而闕解非。○胡氏說本無益之談，而且大失勸學之旨。且如其說，夫子但曰然而可也，何須此言。

○宰予晝寢章 晝寢說非。○志氣昏惰四字於晝寢言之過刻也。於朽木糞土言之迴別也，且文理不明。子曰以下 此一段亦粗。曰改此失，非聖人何敢有失。○以子曰爲衍文非。○范氏說大粗耳。○胡氏言行論非其旨。

○吾未見剛者章 剛解粗，慾解粗。○程謝二說亦皆粗。

○我不欲人之加章　闕加字解非○此忠恕之事而爲仁者之事大非日不待勉強愈非○程亦誤解己欲立而立人之語以此爲仁者之事且以無勿別仁恕大非

○夫子之文章章　文章解非蓋可謂見而不可謂聞也○性天道解皆其私説耳○以文章爲性天道外之物大非○聞見混同○子貢明言不可聞而爲得聞妄○程但以胸臆言之耳

○子路有聞章　既字當作猶字○本文唯字不通○蓋非恐他日之行不給正恐不能行則空亡其物也朱説過簡非註解之宜者○范氏言勇非此唯期必行也言弗及非此得聞之方也

○孔文子何以章　以敏爲才敏之敏非此以敏於行稱○恥下問負才者多有之不必位高者○朱要欲律其行跡是以強取其文以致誤解耳○不須引蘇氏説

○子謂子産章　德物解皆粗而於使民特致詳何也○呉氏無益之言耳

○晏平仲章　蓋人交久則其交變者間有之敬則或衰或盛不可必焉且可敬則敬不可敬

則不敬何獨謂久而敬爲貴乎善字亦
不通○如程說本文敬之當曰不變

○臧文仲章 此語曾不言不務民義且居蔡不爲諂
瀆鬼神何如語勢亦不通○張氏歸於
二字
特非

○令尹子文三仕章 喜怒不形者此雅量也物我無
間者此博愛也皆非忠之正義
矣○言天理及人
欲之私皆其僻論

崔子以下 猾解粗○朱強欲別於
仁是以矯誣多矣○朱
意二子之事仁矣然尚徹有私心不得以爲仁夫事
苟與仁者同其行跡則私心之有無何足必論焉且
不見二子有私心之確證而強加以有私心聖人之
論人必不如斯苛刻○曰子張未識仁體不敬○朱
混未知其仁與不知其
仁非○以他書證之非

○季文子三思章 以三思爲實有其事大非惡有知
人思之二三若四五者哉若夫使
晉之一事是或世俗虛傳是稱者之所由而不足以
證也○斯解粗甚○爲惡之人非必不思但其思之

不善耳○三者則私意起之語悖怪○朱補程說非

甚○恐三思私意起而貴果斷其妄見可懼矣

○甯武子章

爲當二公之時非○朱說之知愚蓋大

牽強夫知有道之世當以道顯而無事

可見何謂之知夫知無道之世盡心竭力忠也不避

艱險勇也忠且勇何謂之愚嗟呼不識文理之弊至

於知愚相反亦甚矣哉○

程說亦非其言比干愚

○子在陳曰章

如朱說與字無謂○狂簡說大非因

致斐然以下皆不穩○曰給欲大非

○成章者而何

須憂陷於異端

○伯夷叔齊章

如朱說之不念舊惡此庸常人所不

難能而其怨希亦何足貴於二子矣

且與仁人曾不干涉故非念

字不穩○程說大粗而非

○孰謂微生高直章

曲意徇物四字卻過曲意且夫

與醯之微事何足謂之掠美市

恩○程說大粗○范

氏說似而非者耳

○巧言令色足恭章　足解不穩○左丘明說非○二者之說粗甚蓋與穿窬異○左丘明而僅爲恥甚於穿窬者耶○爲比老彭之意非○爲欲戒學者故謙言之非○闕友解非

○顏淵季路侍章　闕爾志解粗　子路曰　衣解不穩敝解粗○憾解非子路夲無謂恨之氣象　顏淵曰　伐善施勞解皆不穩或說特非　子路以下　之字一說屬彼一說屬我豈有彼我相通之事邪粗甚○程三說要之舍文說義是以皆失經意

○已矣乎章　已矣乎解非如朱說此夫子徒過慮也○內自訟解大粗口不言三字殊無謂

○十室之邑章　經文以何不曰小邑而特曰十室之邑又以何必有忠信如聖人者朱皆無所解焉○言生知殊失聖意○爲勸學之言則近矣但大粗耳

雍也第六　凡二十八章

○雍也章　朱欲言人君之度更添寬洪二字非　仲弓問　胡氏說不可引○可解大非前

既辨之

仲弓曰 所謂主者其指何者不詳蓋以敬則因敬而有主以簡則亦當因簡而有主且朱以居為身居之義本文兩而字屬贊○家語不引而可也

子曰 苟能黙契者而曷不得解一可字之意○程説可解亦非敬簡解亦大粗難通

○哀公問弟子章 朱意謂怒於朝而色於市之類此是小人者之事又謂過於前復於後此亦悖戾者之事於顏子不之為何足以稱矣遷字與移字其義固異此亦不可不辨也○舍文義説好學大非○今也以下解皆大粗而不足○程亦失遷怒貳過義且舍文義説學故大非

○子華使於齊章 解小不足

子曰 急解粗周即周其急也又何曰不足

原思 此解亦小不足

子曰 毋解大非致乎字不通○常祿以下解皆大失此章之旨○程不識論旨故大有所失○張氏亦固不識者

○子謂仲弓曰章 言人以下解大粗○以仲弓父為行惡非經文固不論其善惡且犂

牛但賤耳何曰惡○爲非與仲弓言
非○如范氏說犂牛豈亦可改邪

○回也其心章 非○朱以何知顏子不違仁限於三
月也又以何知諸子日一至月一至也孔子雖聖惡
得透入人心委曲辨別如此且文理亦大牽強其誤
解甚○程朱皆言無私欲此非人情蓋佛老之見耳
○論顏淵必以未達一間是以說多牽強○朱學觀
人私欲如牛馬欲束縛之也
束縛一解則其爲害可測哉

○季康子問章 果達藝解皆少其用粗○孔子言其
有可從政者而程曰非唯三子非

○季氏使閔子騫章 以善爲我辭句似爲記者之言
非○謝氏說大非蓋賢者所願
亦唯義之與比
聖賢何擇焉

○伯牛有疾章 有疾說大非蓋誤解斯疾文面故也
○爲孔子不敢當大非蓋昧乎君父
師同其義之義也○亡之及命矣解皆大粗以斯字
爲此字特非○如朱說似天亦可怨非○侯氏大粗

○賢哉回也章　朱意以為顏子之貧初如此而泰然此徒習於貧也何足以深稱其賢本文不改其樂句不穩當但曰在陋巷而樂也人不堪其憂句亦屬贅○程說愚且改字非害字則不通○程朱皆以樂為如可禪悟者大非聖人安有隱乎

○冉求曰章　闕廢字解非○力不足者蓋進到之極也如朱說豈謂世有欲進而不能者乎大失勸學之旨○能進二字當改作勉強尚可能進六字○胡氏為冉求聞稱顏回而有此言妄

○子謂子夏曰章　程以為己為人之別說此費解耳蓋君子儒者不唯為己又為人也與憲問篇文理不同○謝氏說儒義無所關焉○似嘉文學有餘非

○子游為武城宰章　徑解非○公事說拘○朱不能正目其為人粗○朱及楊氏皆本不能細解得人句是以誤解耳

○孟之反不伐章　省策其馬之事粗○謝氏責學者過刻非

○不有祝鮀之佞章 此章非甚孔子豈有教人以好諛悅邑之事哉文理亦大失

○誰能出不由戶章 斯道作此道大非○此章粗甚蓋人既出由戶則誰亦不由其道朱之所以言怪實可怪矣此必使讀者晦渺不知何意○洪氏說亦大粗蓋既知之又誰有不知之者

○質勝文章 史解非○彬彬解粗曰損有餘非○不期然句非○楊氏說非此章之旨

○人之生也章 程說過簡當改作人性本直生當亦直八字此非說生理言見在之生也

○罔解不穩

○知之者章 蓋知之者此諸其不知者其賢可知矣然而好者猶稱曰求得則知者以何賢於夫不知者故吾謂雖知者猶有所得況好之者乎唯其所得有深淺如何之異耳○張氏說亦未至也

○中人以上章 少文質合不之旨○張氏亦少要

○樊遲問知章 朱云民亦人也民何不人此必失其解者○但爲遠退鬼神之意安在其

敬之○不可知改作不易知則小通○以難爲事之
難非○說仁者之心與其常說得無異乎○告之意
大不足○蓋人固不可不信鬼神矣程說本不明
了且其說智但似巧智非○又曰以下要皆大粗
○知者樂水章樂解非如朱說本文二樂字皆當如
字且其解喩皆失其要○壽解大非
因致動靜以下皆不穩○此
節聖人之語也何待程贊之
○齊一變章設以風俗之變論之先王之道化爲當
時魯豈小小哉其距蓋遠矣若夫齊魯
雖有小異亦不甚遠矣孟子嘗言管仲之時王齊易
可以見耳且孔子欲居九夷其意苟用孔子則何國
之擇果如朱說本文當但曰變齊變魯何得曰一是
其誤解燎然矣○微管仲吾其被髮左衽之言程以
爲知
何
○觚不觚章酒器之說可刪○朱不得程說則意旨
索然○程說恨泛乎難見其當耳○范
氏說
過刻

○宰我問曰章 仁作人非井解非因致總解多非且如其說本文雖字不通語勢亦甚不穩○言信道不篤非○身在井上可救之事迂甚

○君子博學於文章 約解非○曰無不考則此爲文中尚有無益之事也曰守欲其要則此有所舍也皆大非○如朱說本文之字不通○本文既曰君子而但曰不背粗蓋不能解本文亦字也○程說博學猶多學雜學故大誤耳

○子見南子章 南子夫人之說不經甚○矢解非○否解非○如朱說此聖人自慢也○聖人無姑息之言

○中庸之爲德章 中庸解粗○鮮久解大誤蓋徒言德之難無爲也太失勸學之旨○程亦同誤解耳

○如有博施章 朱云仁以理言非蓋仁必無其務則不可言仁也又云聖以地言非蓋聖

必嘗以逼天言也○乎解非此謙辭也○愈難愈遠句大非　夫仁者　此即仁者之所爲而朱以必及天理說非　能近取譬　方解非○如朱說直復仁者之事而不可言方也○程引醫書迂○畢竟有所不識故其說多徒娓娓耳

述而第七　凡三十七章

○述而章　述解粗且以述作分聖賢非孔子但可述而不可作故不作也唯其述之有能不能之別異耳○竊比謙辭非尊之之辭我解亦粗○朱頻頻說謙辭非孔子唯嘉老彭之事故比耳非聖賢之論

○默而識之章　既以前說爲是何又載他說前說大粗後說大非○何有於我解非甚孔子以何爲此無益之過謙○不甚貴三者大妄

○德之不脩章　總解頗粗○朱於此何復不曰聖人謙而言之

○子之燕居章　徒以容舒色愉說之粗甚殊不識其
申申如夭夭如皆大有所致者而非
偶然也且其說如此於學者
何益焉○程亦固不識者耳
○甚矣吾衰章　如朱說孔子當夢行道不必夢周公
且曰如或見之此爲夢中恍惚之事
何與經文戾也○程說亦誤蓋孔子盛特不在
其位而但欲行周公之道是僭也焉在爲聖
○志於道章　道無所原於古不可且　據於德　道德仁
其知此者以何得知之　藝並者
爲彼所有故用於学　依於仁　私欲盡去者忘也心德
如朱說當省去於学　之全者誠也皆非仁之
挙朱於德物解徃　游於藝　如朱說心必之道心又守
徃繆戾曾無一律　之不失心又不違仁心又
玩物適情豈不繫乎文理之不能識使聖語不可解
矣○心存於正而不他既是至難聖人之教人必不
知此
遍遍
○自行束脩章　朱但爲教來學者之義大非此當或
在記者識之聖人決不自發此言經

文亦明矣不然

○不憤不啓章 悱解非不與發字穩著發解亦非○朱連此章三句皆為孔子之語大非下句特用則字及也字者皆不通○程亦不識文理

○子食於有喪者章 此夫子不必臨喪偶坐食於其側也故用於字朱說失矣且曰不能則此欲能而不能也欲能之情何嘗動於聖人此但不飽不歌也皆非不能也○謝氏說二者以爲當改曰觀聖人誠信懇惻之至而可以興其忘也

○用之則行章 尹氏本不識是孔子引古語故其解不能盡也○命不足道之言妄甚

子路曰視子路如下有子曰懼戚解皆大非蓋誤解好徧心者非字也○謝氏說不足道

○富而可求章 以而字為若字妄○朱徒意孔子不求富貴者粗而非○蘇楊亦皆同孰

○子之所愼章 朱說失本文所字旨○尹氏亦以愼為謹大粗

〇子在齊聞韶章 不知肉味說不足〇以爲樂爲作樂大非知其說此爲孔子嘗慢舜而今以爲美之語也〇范氏大粗

〇夫子爲衛君乎章 爲解不穩諾解粗 入曰 怨解大非伯夷而不後悔固也

〇蓋冉有雖疑亦多知夫子不爲是以不直問諸夫子而質之子貢子貢亦固憚之故託夷齊以探之耳而朱爲恐非其君非〇求仁說非且頗失子貢爲問之旨〇程說愈粗

〇飯疏食章 飲水曲肱而枕之之義朱鹵莽鬭其觧者耳〇朱直爲孔子之事大非蓋孔子雖嘗有阨未聞有此事且漠然無所動之語不與上句接本文語勢亦不穩也〇程說愚而又藏拙耳

〇加我數年章 朱說頗失無大過之義又大失學字義

〇子所雅言章 雅言解大非夫孔子平常所言不出於詩書禮樂之義人皆知之不待記者且皆雅言也四字爲重複〇執禮解亦非此卻爲以詩書當徒誦說而已者也〇程謝亦皆大非

○葉公問章　葉公所問問其爲人明矣而朱云云者非　子曰　如朱說是尋常學者之務

不必孔子之事且樂以忘憂解特非○朱既爲謙辭又贊其美其意常似有所挾者此亦誇也大抵聖人之言必實話也過謙固非聖人之言

○我非生而知之章　朱豈謂孔子氣質不清明義理不昭著邪蓋失本文者字義以誤耳○尹氏大失本文之字義

○子不語怪章　朱不識古文法誤解此章以爲四物大非夫怪異之非理之正固也勇力何非理之正但怪異之勇力非理之正耳悖亂之非理之正固也鬼神何非理之正但怪異之鬼神非理之正耳孔子奈何槩理之正者與非理之正者而一以不語之且朱以怪力亂爲非理之正者以神爲理之正者然則記者當更端曰子不語怪力亂又不語神豈可不謂之不識文理太甚哉○謝氏說愈鑿耳以不語爲有人問亦不答之意非

○三人行章 如朱說本文必字不通擇字殊無旨且使本文語勢不穩○尹氏說亦同轍耳

○天生德於予章 如朱說明是爲孔子自負己德者何其不謙也故大非

○二三子章 朱爲夫子之道高深故疑其有隱非此直以語默爲教多故疑也○與解不隱程意謂存忠信之本而學文脩行

○子以四教章 豈可謂之以四教哉失文理甚矣

○聖人吾不得而見章 如朱說此聖人君子以子非學而可到非 子曰 曰爲衍文非○善人有恒者 亡而爲有 解大粗而非蓋虛說皆不與上語接非夸者之不能守其常固也○張氏說非夫善人及有恒者皆其質而不學尚可之能則世豈無其人○朱謂自有恒而能至於聖然惡得其神明不測者乎

○子釣而不綱章 綱解與釣字失斤兩○本文弋字下何省而字○不綱不射宿其不爲利明矣何必謂貧賤時○不得已句徒有戒殺之意非○說出仁心宛似出於孔子之作意非

○蓋有不知而作之章　不知其理而妄作之於孔子無是固也爲謙辭亦非○可見一句復有所挾非○言善惡皆存之大非○以孔子爲未能實知其理者妄

○互鄉章　互鄉考粗蓋其俗有不善之風非必其人習於不善也　子曰　朱本不能解唯何甚句及人字因疑有錯簡又疑有闕文使聖人之全語破裂悲夫○潔解與解保解皆非

○仁遠乎哉章　仁解大非假如朱說以仁爲心之德則本文我字當吾字且以斯字爲即意以至字爲在意皆妄○程徒引聖語耳何解之有

○陳司敗問章　解小不足　孔子退　復小不足　巫馬期　如朱說夫子當但曰吾過矣幸字不通且受以爲過亦似明君惡○吳氏亦粗

○子與人歌章　必解不足此必取其善也與字不穩此喜長其善也此見以下不穩

○文莫吾猶人章　莫解粗猶人解小失○朱全不識論旨故經文之深味索然

○若聖與仁章 朱無考證故聖語似突出非○朱之
所謂謙辭者不可不辨○聖仁解之
非別有成論○正唯以下解大非○已有之事於不
倦或可言之於不厭何有○鼂氏謂因當時之言而
夫子辭之稍似而非○鼂亦不
能解公西華之言故不足道也

○子疾病章 有請解非蓋不與子路引誄辭接禱解
非於禱久之禱其說窮矣○無其理以
下說晦晦○不請病者而禱則焉
得悔過遷善○故孔子以下蓋非

○奢則不孫章 固解非○據鼂氏說朱不識是專救
學者之語大非○總解粗而大不足

○君子坦蕩蕩章 程爲循理非○小人說
非何不與君子說互對

○子溫而厲章 厲解非○蓋氣質者亦天之所賦天
豈有私邪且聖人何尚學貴救之爲
朱所謂德性氣質者別有成論○何見厲者於中
和之氣中○總解大粗而其不能貫通可知矣

泰伯第八 凡二十一章

○泰伯章 三讓解大非如其說本當有請者而讓之此誰請之○無得而稱解失得字旨○朱云泰伯不從又云夷齊扣馬之心大非夫文王三分天下有其二猶服事殷惡有其祖大王而使泰伯不從類夷齊扣馬之心哉將以大王爲如何主不敬莫大焉

○恭而無禮章 絞解粗○凡人無節文則是亂也朱不識略拆法誤解無禮以爲全無禮者而不知德物一 君子總解大粗○張氏言先後無一可辨解焉大非 君子所據○吳氏與朱按皆非

○曾子有疾章 以啟足啟手爲開衾示體之事大非如其說啟足啟手當在日字上以爲記者之辭且其事不經決非君子所爲○解詩亦大謬臨淵恐墜履冰恐陷人誰不然詩決非此之謂也○免毀傷說大非蓋恐謬士君子之義矣朱本失敢字旨○如朱說而曾子反復丁寧之則此使曾子徒誇於全體而無德之可言者也○程及尹范亦皆暗乎解經文者惟范於其意較小可也

○孟敬子問之章 問解不足 曾子言 朱云鳥畏死豈爲曾子亦畏死乎鳴哀說

非言善君子所貴乎道解非夫君子之於道何輕重說鑿君子之有○總解大粗而句句皆破裂大失文理○倍解使不成語○程尹皆粗甚

○以能問於不能章 總解大粗使讀者不知何文理非○謝氏亦文理粗

○可託六尺之孤章 此章本言君子忠信而有其操則不拘事之成敗可以謂君子故設疑詞而先以才說非蓋才則無不成無不成則何疑不君子

○士不可不弘毅章 弘毅解粗○仁解非○文朱失而字肯仁理大不明

○興於詩章 朱說此章使聖語皆破裂無序今就其說揭其非朱既曰詩本性情有邪有正是詩使人正與於正邪與於邪又 立於禮 恭敬辭遜安得自興起其好善惡惡之心乎與下所言無毫接應○欲言立之事言肌膚筋骸之 成於樂 朱說事適甚○未見有不爲事物所搖奪者未知且樂者象德行之流動也○程亦大粗殊不識夫詩者聖人之編肯爲主耳

○民可使由之章　程朱皆不能解本文兩之字又以不可爲不能大非

○好勇疾貧章　總解頗粗蓋朱所説之亂者甚易知之事聖意則不止乎此且言善惡殊亦失

○如有周公之才章　朱蓋失如字貞○程説自字可刪○驕吝説迂

○三年學章　朱既不能解至字又作志非○楊氏大誣高賢

○篤信好學章　朱説過巧卻失蓋篤信而何處非其正守死而何處其徒死危邦不入　朱不識此四句皆爲善道言而引他義説去就顛失文理邦有道　以上三節朱説每分離無所貫通大非

○不在其位章　程説大粗蓋雖有嘉謀徽猷苟不之問則忍而不告可邪

○師摯之始章　此章總解大誤蓋如其説本文始字不過且樂本當全美盛而何獨限於

卒章又何謂盈耳解
哉字亦決不通矣
○狂而不直章 侗悾俱以貌說豈狂亦可以貌解之
乎且悾何特丁寧疊字○不知之解
蓋失矣字義○蘇
氏說但文理大粗
○學如不及章 人之為學既五字當改作
學者常三字且其解頗粗
○巍巍乎舜禹章 其高大者以何為高大其不相關
者何物不相關且言不以位為樂
其意似言不欲在
位不是聖人之心
○大哉堯章 則解非蓋所尊乎堯者以其能則於天
也其德初與天準非所尊也○無能名
解非蓋莫物不可 巍巍乎 朱以此二句為二物大非
以言語形容者 知其說本文文章下當有
也字○尹氏
無所發明
○舜有臣五人章 不說而 武王曰亂解大粗或曰說
字肯粗 亦非○文母說可

刪

孔子曰以才難爲古語非蓋致下句語勢不穩○周室以下說得不明三分天下

蓋天有未與人有未歸是以不取耳而言天與之人歸之乃不取豈不繆乎○此一節承上說粗而不足

○至德說粗

○或曰說非

○禹吾無間然章或豐或儉各適其宜此孔子之事而所可稱於禹者不在於茲也

子罕第九 凡三十章

○子罕章罕解粗○程以利命仁爲皆所罕言大非夫利與命仁其旨懸絕如命仁則意不甚遠而同疊下兩與字此爲不類之語假如其說本文當曰子罕言利又罕言命及仁且利者義之反而義仁乃常同其旨豈可混利仁而一之乎且仁者論語中往往所見命亦詩三百篇其所作爲惡謂之所罕言哉

○達巷黨人章惜字與其自說矛盾當作大字子聞之朱說蓋以爲謙辭大誤夫

人美己當或諫之惜己何必諫之且朱爲擇而就身
之事抑何意也此特添謂門弟子四字可以爲訓之
語而徒爲妄諫自身之語
豈不大妄乎○尹氏何識

○麻冕禮也章 朱說似夫子喜省功而言孤利者大
非夫古禮所用豈謂之義無所寓焉
而可哉致禮 經文以何言今也純儉而不曰今
也二字無謂 拜下 純儉也言今拜乎上泰也而不曰
今也拜乎上泰又但言吾從衆而不曰雖違古但言
吾從下而不略雖違衆朱不能辨明此義因使聖語
之關係乎大義者湮滅不可知矣可
謂朱不識解文者○程亦不識者耳

○子絶四章 毋解程朱皆大非蓋既視絶字猶無字
又以毋爲無此語意重複也假如其說
本文當刪絶四二字若刪四字及四毋字○意必固
我解皆不明了且視此四字猶四時次序何其鑿之
甚抑必原於禪學者耳○補添張
楊二說愈見朱爲禪學被束縛矣

○子畏於匡章 畏解非 曰文王 文解大誤蓋禮樂制度
者周公之作而非文王

之事且果禮樂制度之謂則孔子安得專獨曰後死者不得與於斯文〇茲解不足天之將喪
後死者說透甚孔子後於文王固也其說復似自負而非且失文理
〇大宰問章以大宰爲宋說非〇失問意蓋語勢不穩子貢曰將解非又解殊誤
子聞之朱既云大宰以多能爲聖則夫子不可曰大宰知我其說晦晦且多能者非夫子之本志耳未必害於率人君子無以則亦固多耳牢曰朱說頗粗〇特錄子張名說大不足
〇吾有知乎哉章此孔子爲鄙夫竭耳何須謙言且有知乎哉四字屬贅大非〇兩端說粗〇總解不足〇程慢作大辯論耳〇兩端說三家各異將何從爲是朱之無見其知此
〇鳳鳥不至章朱何不以爲不謙之辭〇已矣夫解粗而非〇張氏鳳圖說粗而不足〇言文章非
〇子見齊衰者章朱闕解非〇或曰說非〇范氏以此爲三者夫非知其說本文當刪

與字且其哀尊矜者皆不相類亦甚

○顏淵喟然章 總解頗失貫接之義○以之字爲指夫子之道非蓋高堅二字非物象則不穩○在前在後解非道德豈恍惚不可爲象者耶 夫子 如朱說本文誘字當導字○因何得知其序○侯氏程氏皆不足道耳 欲罷 卓解粗末解大粗○總解此一節殊粗○朱云力之盡此與下章末見其止之語繆○吳氏以下亦皆不足道耳

○子疾病章 朱云欲治其喪粗蓋下死於臣之手之語難應 病間曰 闕久矣哉解大粗○人而欺天二句費解○不推子路之意而徒言責子路粗 且予 以無寧爲寧太粗而妄致乎字不通○此一節總解大粗而不足○諸家率但以責子路爲主非

○有美玉於斯章 有道當作有德蓋不與玉字棲○待賈解殊大非蓋本文也字不通我字無謂○蓋孔子之義與伊尹伯夷太公不同矣范氏與朱同意而皆俱大非

○子欲居九夷章 九夷考不足○朱說以本文居字當作之字且與乘桴浮海之意異或曰朱說爲孔子所居必化之意大非設如此則孔子當不須居九夷也且孔子何直以君子自言

○吾自衛反魯章 總解大粗本文何言樂正而不曰正樂又何特言雅頌而不曰風且云知道終不行則此其周流四方者爲行道而非爲參互考訂何其不明也

○出則事公卿章 總解大粗蓋見酒困字面而爲事卑大非何有於我解之誤即見第七篇

○子在川上章 逝字與徃字義固大異而程朱皆不識此故其意雖可然遂致誤解耳

○吾未見好德章 謝氏說本淺淺不足道而朱引史記證其語所出之事以爲孔子見好色者而不見好德者之語此豈不自顯其大誤解乎

○譬如爲山章 ○朱徒以多少說其喻不親切不得吾字旨因失其要

○語之而不惰章闕之字而字解非○萬物以下此
可以諭歛育群弟子何限於顏子

○子謂顏淵章以止爲已非蓋
妨惜乎語旨

○苗而不秀章苗秀實之所諭者粗○朱爲有苗而
不秀者之意大非蓋夫字不通且失
勸學之旨

○後生可畏章如朱說縱如夫子之今日亦何足言
畏且不能自勉之人而其不足畏固
也○夫子限於四十五十而言之必大有其故
也而朱徒以爲老大粗而非○尹氏無所識耳

○法語之言章省與字爲巽言粗○朱說不切於勸
學○孟子好貨好色之類此時宜之
言耳與巽
與之言異

○主忠信章以何重出之以何逸其
半先儒會無之識者

○三軍可奪帥章說不親切○
如可以下贅

○衣敝縕袍章　朱説此節當惟稱子路不動其心不至於後節始言進於德而可也

忮不求　忮求臧解皆粗○朱失用字旨○呂氏以忮求分説非

子路　朱説以是道也三字爲冗贅大非○謝氏不足道

○歲寒章　小人當作衆人○范氏説似君子不爲治世之用者大非○歲寒後彫之喩皆粗而不切

○知者不惑章　蓋德物解之不穩勿論焉明及理下之足字無用但不過爲氣下之足字類用之何其粗也且本文者字此三人之事明而今混爲一非

○可與共學章　蓋學而得適道適道而得立立而可得權矣故其所謂學者正言學詩禮明矣而朱云爲此事程云知求之豈不妄乎○以適爲徃非○權説程近得之然離文説權一字故恐有毫釐千里之差不可不詳焉○楊氏洪氏皆無足深道者耳

○唐棣之華章 唐棣考粗○偏反解皆非○而字之語助兒輩能識之○甚矣朱之妄言也既不能解又謂爲無意義詩豈有無意義者哉九原如可作吾欲爲朱一講明此章○而字爾字皆極明白可知也 子曰 程朱皆不識詩述性命之作是以誤解耳

鄉黨第十 凡十七章

○鄉黨章 恂恂解不穩蓋孔子何慮不信實○徒爲父兄宗族之所在故謙卑遜順似不能言者粗 其在宗廟 便便解不穩○總解不足

○朝與下大夫言章 朱分此二節以爲別章故文理不能盡其委非○侃侃誾誾解皆失其要 君在 與與解二說皆非蓋於與字義遠矣

○君召使擯章 少召使擯解非○勃如躩如解皆粗蓋敬君命常也何必在於使擯 揖所與立 不說君言賓言之別粗 趨進 不說趨進之序粗 賓退 闕必復命解粗賓不

顧解亦粗○此一篇圖
外說麥皆粗而不足
○入公門章鞠躬解粗○立不中門中於門一句贅過位君雖
以下說粗攝齊升堂攝解粗○恐屛以下究此出降
而不足但便於升也○不息說粗
一等趨下圖不可有進
字○踧踖說不足
○執圭章上如揖下如授解非如朱說當容色
不待言上下○擧足二字不穩享禮解與
愉愉不私覿以上三節不說各所其爲主粗
異粗晁氏說非所關於文義當刪去
○君子不以紺緅飾章君子說大粗○二句解不得
文理○且近一句透言此一
句當暑如朱說本文當但日表之而出二字屬贅緇
圖且人但著裹衣而可識此不必孔子之事
衣羔裘此一節所以二必有寢衣寢衣說透
朱註是褻裘長字可刪程說亦不
必然此章唯專以狐貉之厚朱註此去喪粗而非惟
衣服相類從耳亦是不足

裳此亦不足羔裘玄冠解小不切吉月少朝服解○蘇氏說可刪
○齊必有明衣章少布說及不考明衣色粗○爲脫簡非此當屬上章齊必變
食變食遷坐解皆不足○蓋此節以下專記飲食之禮而朱別立齊章非
○食不厭精章能害人三字非蓋食固養人精則彌有益也膾不害人粗則但難化耳不厭解與能害人繆食饐而餲不時不食解小粗蓋不成未熟之物不食固也割不正割不正解非如何能常得此人○惡其不備句非肉雖多不使勝食氣解粗○以醉爲節說非既醉何保不及亂沽酒市脯以沽爲買不穩蓋買者不可食則初當不買不撤薑薑解釁而非不多食不撥上句故其說不穩祭於公言不留神惠釁食不語朱說大粗○范氏說非蓋雖當食亦當語則語何得謂非其時○楊氏說大釁雖蔬食菜羹朱說得之○謝氏說近愚

○席不正章　謝氏說非聖人豈自欲示其心之正耶

○鄉人飲酒章　解頗粗敢字不穩○鄉人儺　儺解大粗○總解大不足旨近於戲殊非○或曰說大非

○問人於他邦章　闕問解粗少敬幽之意○康子饋藥　朱不以此一節為別章非○解頗不足○然則以下非孔子決無挾此兩端之心且此邪而不直也○楊氏說大粗

○廄焚章　少忽卒之旨少愛人至誠之旨○言貴人賤畜此似孔子尚有作意當作人畜殊別

○君賜食章　食必是餕餘而曰恐或非○正席以下少不足○畜之解當作仁君賜也無故一句贅

侍食於君　蓋膳夫既嘗而又若嘗食者是超職也恐非蓋拘先字而誤

疾君視之　東首說非蓋如其說當平常為之耳○病臥以下說愚拙

君命召　圖外說大粗而已

○入太廟章　不識重出之義則此以經文為誤也大不敬

○朋友死章 如朱說此不得已而殯也所謂以義合者其何有焉 朋友之饋 解失肯綮

○寢不尸章 朱說失主意范氏亦徒說外非 見齊衰者 此與前篇所云文意本大不同而朱以爲一大粗 凶服者 朱不明轉用式字之法故解有所失 有盛饌 朱說大非如其說經文當旨盛饌供之 迅雷風烈 圈外說大粗而已

○升車章 如范氏說何限升車且誠意二字殊迂 車中 內顧疾言親指皆不說其所由生大粗且以失容說此徒若飾外者非

○色斯舉矣章 朱謂此章必有闕文不可強爲之說其不強爲之說可也以其不能解謂之有闕文大不可也論語何敢有闕文但諸家亦皆不識解文理故不能解耳學者察焉

論語集註辨正卷之上終

論語集註辨正卷之下

日本　越前　田中頤大壯　著

先進第十一　凡二十五章

○先進章　君子解之賢字非○程以君子小人爲時人之所誤評此大牽强蓋先進文質得宜則何待孔子從先進之言且孔子胡不直正言以明時人之非本文又無由知時人之言故大非　如用之　之解非○此亦本文以何見損過以就中

○從我於陳蔡章　以不及爲不在大妄門字亦屬贅○蓋孔子沒而弟子尚在者衆矣焉得曰今皆不在且徒追思從於患難之中者無爲也何不懇於其存者　德行　不爲別章非○朱說似孔門設此四科以教人非且不說此四科皆所何原者大粗○程徒作無益之末論耳

○回也非助我者章　助我說非孔子豈可爲助長哉且不說夫子所言助之肯粗○

似孔子但不欲疑問者非○言若有憾非孔子何有憾於顏子○胡氏徒多不識者耳

○孝哉閔子騫章　胡氏説文理不通假如其説父母兄弟自稱其孝友此可異矣且人皆信其孝友是其爲孝昭昭也孔子或當評其孝之大小何須新復稱孝哉

○南容三復白圭章　一日二字雖據家語與三字對不穩○特稱孔子者以何解之

○季康子問弟子章　此章主意專在論旨如唯止乎范氏之説則何不以此次於哀公問章下

○顏淵死顏路章　請爲椁説非蓋買椁不限於賣車孔子竟常無買一椁之財乎顏路之請亦不甚強乎　子曰　日先孔子卒固也○徒曰皆子也不説其同情粗○胡氏徒是別論耳

○顏淵死子曰章　噫解粗○天喪予解大粗而大非蓋似徒怨天者

○顏淵死子哭章　慟解粗而非蓋有字不通　非夫人　此一節粗而不足且比之

前章何還不甚切

○顏淵死門人章 解大不足蓋似以門人爲顏子之門人非且不言義而曰理非 門人 爲顏路聽之臆說而非 子曰 解大失其要○爲責門人非假如其說孔子何不嚴於其未葬之時

○季路問事鬼神章 鬼神解粗而非蓋祭祀有常子路宜問而孔子亦不可不答焉故朱說不通○死生說大非蓋如此死如此生知而無益祇足以取釋氏之惑耳○學豈有死學生學幽明之學者邪○程不免爲佛說

○閔子侍側章 總解大粗○行行解非○子樂解非如其說當樂字下有焉字且孔門英材不止於此不得其死然者亦豈足樂邪 若由也 以然爲理非假用理字當在不得上○朱何不斷從後說

○魯人爲長府章　爲解非○朱考證不足因大失經意　閔子騫曰　仍舊貫解粗而不穩○本文之字不通○在於以下大失　子曰　本文有字不通且不與上言相屬大非

○由之瑟章　以瑟爲鼓瑟牽强○家語不可盡信○北鄙殺伐之聲與孔子之聲不同固也何待聖言且孔子宜直禁止其鼓瑟何用此從容相語門人亦聞此言而始不敬子路則何其知之晩也孔子又何用禁此不敬　門人　子路之學苟如此則何其鼓瑟聲不似太甚也○如朱說本文當言未至而不可曰未入也○以堂室喩道其旨迥別矣○恐如朱說此孔子居過高也

○師與商也孰賢章　朱說蓋誤爲子貢問既徃之賢不賢故解大失其要○兩常字非○論二子頗粗就子夏言之苟篤信謹守則規模雖狹隘庶寡過失苟寡過失則何必不及矧曰其常乎　曰然則　解大不足　子曰　如朱說此以子張爲賢智以子夏爲愚不肖也○解復大不足

○季氏富於周公章　如朱說季氏何富於周公且失記者旨　子曰　此孔子何

不悍季氏之甚○
師嚴以愚說
○柴也愚章 愚字決無此義蓋不詳文理論旨參也
而强作之說耳○家語不可引
魯解粗程及尹氏亦不詳辟解非何與愚 由也
文理論旨而强作之說耳 師也 魯不似甚也
喭解不穩此亦何與愚魯不類○楊氏大粗
○吳氏二說皆大非亦職不識文理之由
○回也其庶乎章 以庶爲近道無所接應○屢空解
大非古來不識空字○如朱說本
文屢字當常字且空匱何曾預於道 賜不受命 貨殖解大
但增添許多文字以逞其臆說耳
非蓋自司馬遷誤解之而來宋儒雖能言亦徒襲
此以語文理外之胸臆耳曾無一字妥解本文
○問善人之道章 諸家皆誤爲問善人失之道二字
本文以何見不爲惡且如此而不
能入聖人之室固也室亦何
必聖人之室本文亦字不通
○論篤是與章 此章但小粗耳未知二字當在色
莊者乎下改作未可知也四字

○聞斯行諸章兼人解粗○蓋失文理則失文意矣子路雖勇或時無進冉求雖弱亦時有進如以常進常退解之則誤矣

○子畏於匡章朱前既失畏解故此相後之事亦不明○何敢死等解大粗而頗失文理以敢爲虛字非○如胡氏說是孔子徒望顏子以死顏子亦幸覩孔子在而避辭己不死之事也大非○講討之言大妄非本文之旨且孔顏相對時寧有此說話乎

○季子然問章朱說似以孔子門人矜之孔子非子曰異解粗而文理易混○會解非所謂道解粗必行己之志之言殊非今由具臣解粗曰然則其說突出子曰本文不見深許二子者○季子然未顯言不臣之事而爲折之鑿○尹氏說愈大非

○子路使子羔爲費宰章蓋未舉之前也子曰賊解粗而頗失文意子路曰解粗而大不足子曰是故二字殊不逼夫者二字亦不逼

○子路曾晳章　以長爲年長非以毋爲勿非朱說徒致語重複○言誘之非○不用贊和氣謙德

居則曰　文理不接應非○如朱說本文哉字不通當也字

子路率爾　率爾　解粗攝解粗○不說文理故文義不明大非

求爾何如　與上文不接應粗○爲子路見哂詞遜非

赤爾何如　此亦與上文不接應故非

點爾何如　鼓瑟希鏗爾解粗而大失○撰解不穩○暮春以下解頗不足○曾點以下此以家說強會點耳

三子者出　曾點問意不足

曰爲國　言許能非

唯求　言無貶詞大非

唯赤　爲許之大非○總解少禮讓旨大非

顏淵第十二　凡二十四章

○顏淵章　仁解大非故致克己復禮爲仁解皆誤○有字大非於其私說豈不自戾乎○歸解非一日解非蓋如朱說克己復禮奈何天下與之○如朱說爲仁由己固也○人而奈何有私欲淨盡之斯○總解文理不連屬大非○程說以下皆非

顏淵曰　夫子之言本不爲剴天理人欲○非禮解

大粗而妄○徒勝私不必中禮○曰自知大妄○程說蓋大非

○仲弓問仁章 以敬一字說二句大粗而非○非心德全之謂○無怨解大粗○程說非

○司馬牛問仁章 曰心存粗而非曰一端爲亦非○說牛多言鑿 曰其言之 難解不明○蓋仁之字義不明故多非耳

○司馬牛問君子章 牛卽問君子而言牛常憂懼鑿 曰不憂 文理小不穩耳

○司馬牛憂曰章 有兄弟解粗言其將死鑿 子夏曰 解粗 死生有命 解大粗而大不足命解殊勸學 君子 如朱說殆強人也奈何得安於其命○敬恭解文理皆失

○爲不得已之解大非

○胡氏責子夏大妄

○子張問明章 浸潤膚受等解皆煩而卻不明白○言救子張之失非

○子貢問政章 孔子決不爲子貢言倉廩實之事且武備何先敎化以此取信亦非 子

貢曰食足則或驕焉　子貢曰無食必死之言太遽〇
信乎者鮮矣　如朱說而未有以死爲
安者〇奈何得使民能如此〇
如朱後說孔子何不先言信
〇棘子成曰章爲疾時人　子貢曰以說爲讀非如其
文勝非　說惜乎二字當在
駟上文猶質解小粗耳〇言子貢亦失太非論語之
所載而安有無本末輕重之差者乎
〇哀公問於有若章有若請有若而何　民
以下粗　曰二有不諭此對曰富
即君富也而曰
不至獨貧者非
〇子張問崇德辨惑章闕崇德辨惑解大粗主愛之
忠信徙義解亦大粗
欲其生文義俱大失〇言生死有命非可欲大非誠
〇以愛惡欲其生死則人情而非惑也
不以富此本明白結上之義者而舊
來紛紛不能解之實可哀哉
〇齊景公問政章既曰大經根本又曰爲失政告此
二者以何爲主意前說粗後說非

公曰 闕信如解粗○此語既足知其不用何用證之

○片言可折獄章 片言解粗折解非○明字可刪○知朱說此服人之事故本文亦當言服人而不可曰折獄也

子路 徒言踐言粗而非蓋非諾善則不可○徒似俠者非

○聽訟吾猶人章 其爲本爲源者指言何物不明粗而非○楊氏與子路非

○子張問政章 倦字本非德物而覩之猶德物故其解誤耳

○博學於文章 論語而何徒重出之有

○君子成人之美章 誘掖二字雖佳不如改作左右成字當作遂字○解不穩當

○季康子問政章 少患信旨非○胡氏說鑿而非

○季康子患盜章 雖賞之解粗而不足言民知恥遷而非○胡氏說非

○季康子問政章 不用殺之旨粗○君子以下解大粗○小人之德者以何解之

○子張問士何如章下達解非其義亦非子曰以何見反詰意且哉字殊不通

子張對曰名譽當作聲名子曰何言相似言誠僞亦粗○夫達也者所行合宜

此不易有其人察言以下解大粗句句破裂夫聞也者取仁解不明且如朱說但虛名而當

以惡聲聞夫名譽著聞者將安在焉

○樊遲從遊於舞雩章考不足子曰此亦考不足先事後得

以得爲獲非崇德修慝解皆粗辨惑解大粗而大不足○樊遲以下大非

○樊遲問仁章解大粗而失要樊遲以未達爲疑意大非子曰前篇擧直錯諸

枉解之不通到於此益明矣○仁亦何與其常說異樊遲退朱徒見問知之字而專爲知者之事

大非子夏曰解粗舜有天下遠解鑿○子夏以下贅之

○子貢問友章但言輔仁大粗○以善爲善說非本文之字不通○徒以義說大粗○言

數而見疏。大非。惡有以疏爲辱之事哉。

○君子以文會友章 總解大粗。以友輔仁之義殊不明。

子路第十三 凡三十章

○子路章 兩之字不明。○分解爲二事非。○爲上者而但行民之行、事民之事、可乎哉。○言怨非。

請益 言勇非。○程言姑非。

○仲弓爲季氏宰章 言己不勞非。○此一節朱說殊大謬。夫過失之大者猶可赦、況其小者。何待言其赦。又何足言刑不濫人心悅。夫季氏家之有司者、固其賤賤耳。何必待舉一時之賢才仲弓而何慮無盡知之。孔子亦何告之丁寧如此。

曰焉知 程范亦皆無識者耳。

○衛君待子章 闕待子解粗。

子曰 如朱說、此必不行之事。不行之事則聖人不言。蓋誤解正名耳。

子路曰 文理頗不通。

子曰 野解粗。○如朱說、蓋字不通。

名不正

則楊氏説茫昧大不得其要事不成則范氏説亦茫昧蓋事不成則無序固也刑罰不中解殊迂故君子程説亦茫昧大失○胡氏説蓋大非

○樊遲請學稼章不説請學稼意大粗而非樊遲出不説樊遲出意粗○解大不足上好禮總解大粗而非楊氏説悉大非

○誦詩三百章専解非○朱強説詩之用以解此章故其要旨卻不明矣○雖程朱所解之詩此大用可得乎

○其身正章朱何不下解豈謂其意重出者邪蓋不識論旨之誤也

○魯衛之政章朱説大誤蓋如其説當曰魯衛之衰相似且徒歎衰亂無益何足爲聖語

○子謂衛公子荊章總解頗不足○言其以下卻尚似有些慾非

○子適衛章闕適解粗子曰闕矣哉解大粗冉有曰富之意非曰既富

不識論旨故解不足

○胡氏不得文理

○苟有用我者章　總解大粗可解殊非蓋亦不識論旨之謬也○尹氏爲歎當時非

○善人爲邦百年章　朱本襯善人與聖人無甚異故本文亦字殊不通勝殘去殺解亦皆謬○尹氏小近以此置圈外非

○如有王者章　仁解不穩○總解少要旨○程說拘而非○圈外說亦未得其要

○苟正其身章　豈無一字可下解乎何其粗之甚也

○冉有退朝章　以解蓋似怨而非○曰爲不知者非孔子對門人當正言之何須飾言○此必以下粗而失○此與魏徵獻陵之對固不相似

○定公問一言章　幾解粗文理小不妥　人之言　闕解粗　如知爲君　蓋戰戰兢兢者當就天命而言之於此言之其義乖矣　曰一言　解小粗耳

○葉公問政章不識論旨空說無據故大非然必以下殊愚

○子夏爲莒父宰章欲速解非蓋不見其有害也見小利解非蓋利屬民則小亦可就屬我則小固不可就但似謂小事不可就且大事者以何解之豈不茫昧乎

○葉公語孔子章躬解據解皆粗孔子曰徒曰父子相隱大粗而非○朱意尚以直求之於外非

○樊遲問仁章上三句解皆大粗下一句解殊大非夫仁者之於其德操于中國于夷狄何疑無二且其解與其常說戾○程謝二說皆可刪

○何如斯可謂之士章總解大粗而大不足○言子貢能言非曰敢問解粗且言材不足非曰敢問果解不穩確解不足小人解粗曰今之不說子貢問意大粗且言三家非○噫解粗○此節何特以子曰別稱之○足算解粗○言警鑿○程言子貢爲人非

○不得中行而與之章　中行解粗○朱徒據孟子大失文義○以與爲歛非○偏言謹厚之人非○非與以下固也

○南人有言章　説巫醫意大失文理　不恒其德　解大粗承解非　子曰　此語本不甚難解而不能解宜矣其多誤解楊氏説亦大不通

○君子和而不同章　總解大粗而非○尹氏不識文理者

○鄉人皆好之何如章　捨孔子而何公論之有○故善者以下得之

○君子易事而難説章　不説文理而謾下公怒私刻字大非言天理人欲亦妄

○君子泰而不驕章　總解大粗而文義俱大不穩蓋亦不識論旨之誤也

○剛毅木訥章　總解大粗夫剛毅如何近於愛之理者木訥如何近於心之德者如楊氏説蓋不失其固有也然則本文何不曰守仁

○何如斯可謂之士章 總解大粗而不足○言子路所不足大非蓋子路於怡怡或有修矣於切切偲偲何慮不足○以朋友以正為夫子再告之大非雖子路何有混此

○善人教民章 亦字不明非○教解不切於善人且言講武非○程其作為者將如何

○以不教民戰章 以解不穩故似民亦有敗亡之罪非

憲問第十四 凡四十七章

○憲問章 朱為二句皆恥之義非蓋邦有道以材德穀何恥之有失也字義○孔子何言問知之事○朱徃徃拘於其為人非

○克伐怨欲不行章 朱考不足而為原子曰仁解非憲所能之間非何與剛毅木訥章不相似甚○程說究竟大鑿惜不再問大非

○士而懷居章 解大粗而大不足

○邦有道危言危行章 危解大粗而不
遜孫解不穩
○有德者必有言章 總解失其要蓋和順英華四字
與德字其旨難接見義必爲句
何與其常說不似 ○
尹氏加徒字固也
○南宮适問於孔子章 适之意以下大非蓋其所比
豈不适乎且使孔子之言似
有私 ○不答解非 ○君子
及尚德皆無所承應大非
○君子而不仁者章 此章蓋大誤解言君子而猶不
免不仁如此則學者以何得望
仁且未有以下此徒恕小人之不仁也亦何益矣夫
人仁也人而不仁非人也奈何視仁高遠如此乎
○愛之能勿勞乎章 以之字暗爲指子以忠暗爲
對君皆非且多文理外之言
○爲命章 蓋失四之字旨故
總解頗粗而不足
○或問子產章 粗而 問子西 徒言沮止孔子之事使
不足 聖人似有私非 ○哉解

大粗。問管仲 人也，解不識古文法非○言伯氏知罪非○圈外說無益

○貧而無怨難章 言處富易大非蓋昧乎文法也

○孟公綽爲趙魏老章 此章文義俱大失夫勢重望尊而能任其任者未有位高責重而不能任其任者也要之朱以政繁事簡分辨之然事簡何必可於短才政繁何必不可於不欲但大家則無諸侯之事耳夫大者簡而小者繁則彼大家亦猶小國之又小者耳豈不加繁乎大夫有官守之責則家老亦不得無其職之責何亦暗於理也讀者察焉○優解不足○言短才非

○子路問成人章 成人解大粗而非○言兼四子之長大非奈何可望於學者○窮理養心力行泛應無次序可據非○視禮樂大粗而大非○如朱說豈唯成人乎聖人亦不過此○亦解非○言子路所可及非○捨此而何別有其至者 曰今之成人 曰解粗而非故今之成人者何必然解不明○見利以下解皆大粗久要不忘解殊大不通○言成人之次非○程說非胡氏說大非

○子問公叔文子於公明賈章解頗不足適其所說者徒無益之考耳

公明賈此節亦解不足○不識論旨故不免爲空說○其然以下解大粗而大非

○臧武仲以防章諸家皆不詳武仲魯人而特書魯之義非

○晉文公譎而不正章朱不論二公之大節而特以其小事故非

○桓公殺公子糾章日字不通子曰九解不穩○以下不以兵車句爲在九合上之意大非○若其仁解無所比較非○蓋字以下可刪夫人苟有仁之功則可矣焉貴心之徒仁爲

○管仲非仁者與章說粗而非子曰頗粗豈若總解大粗而非○程說鑿而多非

○公叔文子之臣大夫僎章解頗不足子聞之文解粗引諡法愈粗

○子言衞靈公之無道章解不足○爲失位非孔子曰不說三人所其

爲明大粗而非○言來賢非○奚其喪之語不通

○其言之不怍章　闕作解粗○爲大言非

○陳成子弑簡公章　說大不足　孔子曰　此一節解大妄君曰以下殊不通者字又殊無謂　之三子告　此與上語同而其說何異且孔子欲警三子則平常必有其時矣方此大事何暇及之且使聖人若不知保其身者大非○程小有見○胡氏說妄甚

○子路問事君章　朱蓋失而字肯者耳○范氏徒拘乎子路爲人非

○君子上達章　言天理人欲此一家之私言且下達之達殊不通

○古之學者爲己章　不識論古故解不親切

○蘧伯玉使人於孔子章　與之坐解粗而非○總解大不得其要○愈益文字似有兩意非○再言使乎解非○不須引莊周○言夫子亦信之何其說之愚

○不在其位章　論旨粲然可知矣而其思何不嘗及於此

○君子思不出其位章　朱適知因上章然不識每章必有論旨惜哉○范氏說近

○君子恥其言章　不從皇侃本則本文而字難通且恥字亦當愼字

○君子道者三章　解粗而非　子貢曰　解粗而非夫子何徒謙之爲

○子貢方人章　方解粗乎哉解亦粗夫字屬句頭非○爲窮理之事非○爲褒之非爲自貶亦非

○不患人之不己知章　不識重出之義故亦不識屢出之義可勝哀哉假如朱說論語豈每言從而錄之者邪抑胡不以此四章類出之而使人易悟其義

○不逆詐章　抑亦以下解大非蓋本文乎字不通○楊氏說亦大非蓋反訓學者以逆臆也

○微生畝謂孔子章　棲棲解非佞解亦亦非總解不足　孔子曰　不識論旨故此

節亦
不穩

○驥不稱其力章 此章朱說大誤蓋本文稱 字不作尊字則其意不通

○以德報怨何如章 所考不足故 文理頗難穩 子曰 視文理粗故 適其所解徒

贅

以直報怨 直解粗而不穩○圈外說言厚 非究竟暗於文理故有此言

○莫我知也夫章 解粗而 大非 子貢曰 闕子貢問意粗而 非○言不得於天

大非聖人而有不得於天者哉○如朱說不怨天不

尤人二句屬無用下學而上達解亦大粗○反己自

脩循序漸進學固當如是何與人甚異之有設孔子

歎之則徒亦患人之不己知也焉爲孔子○究竟文

義不明是以妄說獨知之妙耳在聖人而何有此

悱異○以子貢爲有所未達大不敬○程說晦晦

○公伯寮愬子路於季孫章 惑志 解粗 子曰 總解大粗而 不足○曉之

安之或有之矣警則無

之○言不待決於命妄

○賢者辟世章 以辟爲隱不穩 其次 闕其次解粗○言適治國非 其次 小失文意 其次 言違言不穩○程言大小非

○作者七人章 作解無所原大粗○爲今人非○七人說不能斷知其人拘亦拙矣

○子路宿於石門章 自解不穩○總解大粗而非蓋細玩文理則晨門深知孔子者而非識之明矣

○子擊磬於衛章 解頗不足 既而曰 說文理大粗 子曰 總解大粗而多文理外無益之言末之難解殊非蓋失末字義

○書云高宗諒陰章 諒陰說大誤故以不言爲口不發一言語之意豈不太矯情乎

子曰 知胡氏及朱說子張焉得不疑○曰非所憂妄

○上好禮章 解大粗而文理不妥

○子路問君子章 不下脩己以敬解大非我未見其至矣盡矣者如此而子路少之亦宜矣朱云充積之盛自然及物孔子何不曰然而言脩己以安人及脩己以安百姓以自煩咎又煩其問且何不曰脩己以及人及百姓而言安人安百姓朱豈以安字謂及字耶何其粗之太甚也○人及百姓解不穩○病諸解粗而不足○無抑子路之意○程說粗甚

○原壤夷俟章 夷解不足俟解粗○賊解非因致總解多大不穩○叩脛解似孔子但嫌之非

○闕黨童子將命章 以益爲既益之意與下求益之益其肯不接且不視記者之文體故大非

子曰 孔子但言其見而朱斷言不循禮非○爲孔子使童子將命非○本文奈何見抑而敎之○總解不識論旨故意味索然

衞靈公第十五 凡四十一章

○衛靈公章於文理外言無道非有志以下大粗而其義大不足在陳此亦不足與解粗

子路慍濫解粗固解非○程說小近○總解義大不備故圈外說亦寡益矣

○賜也女以予章考大不足對曰解大粗且蓋其以下無益曰非也解大粗而非卽詳于第四篇○謝氏泛說會不得其要○尹氏所考無益

○由知德者鮮章由說大不足○知德解大非如朱說此孔子徒自矜己有德也

○無爲而治者章無爲而治說似老莊者流非且如朱說視孔子之不遇爲如何○但言紹堯大粗而不足恭己正南面解大失文理

○子張問行章如朱說則不註爲可子曰說子張意非夫子答亦不爲是○總解大粗而大不足立則其解非登忠信篤敬皆在於彼邪且經文明言見而曰若有見不妄乎雖欲以下十字可刪自然二字亦可刪究竟如朱說徒使學者難知其可行者大非子張小粗

○直哉史魚章　如矢解無所原粗○不說文理大粗　君子哉　以聖人說非○此亦不說文理大粗

○可與言而不與之言章　以何不下解想當此特爲易解然凡聖語爲易則易爲難則難豈有獨易解者哉吾謂朱註似簡而實不能解者居多矣

○志士仁人章　程朱皆大失文理而大誤文義夫當死而不死則不義也當死而死則義也何問必之安與不安又何講害必德與不害究竟不識仁之字義者耳

○子貢問爲仁章　闕爲仁解粗○夫子嘗謂說鑿○總解粗而不足○程說愚

○顏淵問爲邦章　解大失其要蓋顏子王佐之才者誰識之誰定之顏子自爲其才而問之則何其不謙也○爲謙辭亦非　子曰　此註而無解大失其要　乘殷之輅　此亦註而解大不足　服周之冕　此亦同上○以上三者皆似是非當世非　樂則　不說其所言之序大

粗　放鄭聲解大粗

○人無遠慮章　蘇氏說頗有味然徒訓學者爲無用之爲有用不說其所方大粗

○已矣乎章　解之大非皆已詳前

○臧文仲竊位者章　竊位解迂○不識論旨故解不足○范氏有所不識

○躬自厚章　此亦不識論旨故解不足

○不曰如之何章　以如之何爲己身熟思而審處之義大非蓋本文曰字殊不通

○羣居終日章　解頗鑿故難矣哉解不穩

○君子義以爲質章　朱轉三之字一爲有一爲以一爲在其解破裂使讀者徒茫然

○如程說何不以孫出句先禮行句上且其後說愈使人增茫然

○君子病無能章　以此言相類者數數有之朱殆不能言也

○君子疾沒世章　范氏爲君子至於沒世而疾名不稱之意大非夫不勉之於其平生而悔之於其沒世小人之事而非君子之事矣本文疾字顚倒焉字亦無謂

○君子求諸己章　總解大粗其解將安在乎且言反求不穩○楊氏顚辯論肯然其解多誤故未得其要也

○君子矜而不爭章　總解大粗且視文理不足

○君子不以言擧人章　不作之解大粗而大非

○子貢問曰章　總解大粗而大不足尹氏說亦復大粗

○吾之於人章　言損眞及過實譽而非聖人而無是固也○知其將然而譽之何謂之過其實○苟知其惡則亦宜爲懲改焉安爲默默若不識者之無情乎○蓋大誤所譽解耳

斯民也　譽與前說不接且今之人豈能知此哉孔子而不枉其實則固也○總解大非○尹氏大不識者

○吾猶及史之闕文章　以史闕文馬借人爲二事文義俱大失畢竟諸家皆不能小辨也悲夫

○巧言亂德章　此章文義頗失蓋二句之旨一則屬彼一則屬我乖離不通夫聽巧言者爲之誤是非則或有之矣然奈何使有德者喪其所守若喪之則何守之謂婦人匹夫宜小不忍然奈何其人而能有大謀苟有大謀者當唯能忍何小之謂

○衆惡之必察章　總解大粗而有所不識○引仁者大非○言蔽於私非

○人能弘道章　總解粗而不穩○言道體無爲愚○張氏說愚甚

○過而不改章　解大失其要蓋過而能改則其過不甚而已言復於無過則牽强矣知過而不改者之不及其改之固也何待言之

○吾嘗終日不食章　朱闕不食不寢解粗無益以下說大誤詩云寤寐思服書云欽

明文思孟子有言曰我固有之也弗思耳矣管子亦有言曰思之思之神將通之夫思之有功於學蓋如斯況聖人而成不食不寢之勉而無其益乎夫子曰學而不思則罔思而不學則殆夫學思之不可兩少蓋如斯何有思不如學學不如思之論哉且世學而不思者多而思而不學者希矣爲希有者慮而不爲多有者憂則聖人不爲也余謂學者須勞心以必求若夫朱說則大誤文義耳○李氏說愚甚

○君子謀道不謀食章　蓋耕而不得食者未之有也其言誣甚○如穀祿則不在學之中且以此爲心豈不鄙乎○總解本不識餒字及祿字故大誤耳○尹氏固不識者

○知及之章　知解大粗本文及字不穩　仁能守　解本大粗文理不貫接○徒言可畏非

莊以涖　文理復不貫接○圖外說多非

○君子不可小知章　解本大粗且爲君子於細事有短小人則有長之意大非

○民之於仁章　先說食後說仁失主客且如朱說人誰信其甚○言失其心非當言大害

人○朱以仁爲心之德其不殺人固也以何與水火比言之

○當仁不讓於師章　朱以當爲擔當之義不穩且如其說本文當字不如無之且讓字亦不逼蓋欲讓而不可得也朱於是何不悟平常仁說之妄○程何能識

○君子貞而不諒章　解但小粗論肯不足耳

○事君敬其事章　此亦論肯不足耳○先字可刪

○有教無類章　以類爲殊甚不穩蓋不識古文法之誤也

○道不同章　解大粗且得不與前章所說矛盾乎

○辭達而已章　以辭爲詞非且特戒富麗粗而不足

○師冕見章　詔字何好奇非辭達之道　師冕出　此無益之談　子曰　如朱說語意重複且本文固字何不作古字

季氏第十六 凡十四章

○季氏章 左傳史記之考無益而其所當解者不足 孔子曰 言聚斂及爲獨責冉有皆非 夫顓臾 解頗有所不足○此事理以下無益 孔子曰 解頗粗 且爾 大不得虎兕龜玉之旨故總解頗失 冉有曰 始爲飾辭及然亦以下說皆粗 孔子曰 解大粗而不足 丘也 說大鑿而大失文理 夫如是 此亦失文脈 今由 爲始責子路非以遠人爲顓臾非 而謀 此亦失文脈○謝氏以下皆不足道

○天下有道章 但以先王之制說大粗而不足下二節解亦大粗

○祿之去公室章 逮解粗○本文故字不易通而省之解大粗○蘇氏失逮字義

○益者三友章 總解大粗而不足○便辟以下解皆誣○言三者損益相及牽強蓋知益則知損知損則亦知益何必強及三者

○益者三樂章　三樂之樂解非○總解大粗而不足○以禮樂徒爲制度聲容大非○言三者損益相反亦復牽强

○有三愆章　君子即對弟子而言之爲有德位之君子誤○愆解非○總解大不足

○君子有三戒章　總解大粗而不足且言陰陽殊無益○言以理勝之一家之私言耳

○君子有三畏章　天命説大粗而迂蓋如朱説本文畏字當守字○言天賦及付畀皆私言也○大人聖言説大粗而難通　小人侮解不穩○總解大迂而非

○生而知之者章　總解大粗而大不足且言氣質殊失聖人之旨

○君子有九思章　此章亦總解大粗而大不足如色貌解殊何其粗之甚也

○見善如不及章　解大粗且誠好惡之則有矣眞知善惡則非此章之旨也○必稱其人臆而非　隱居解大粗且其説頗不通○此亦不可必指其人而言顏子殊鑿

○齊景公有馬千駟章　解大粗而不足　其斯之謂　說大牽強誤解無論且以爲關文又爲多關誤其不識文義之甚妄疑聖賢之全文豈可勝數乎

○陳亢問於伯魚章　言亢私意已甚必字可刪本文亦字不通　對曰　總解大粗而不足且如事理通達則當於禮言之於詩則其旨遠矣　他日　此亦大粗蓋如品節詳明則禮之本節又如德性堅定則當於詩言之於禮則其旨遠矣　聞斯二者　此卽直言無異聞也何待可知之言　陳亢退　此亦大粗蓋又字不通

○邦君之妻章　總解大粗而大不足蓋據吳氏說則朱亦不能知其何謂也

陽貨第十七　凡二十六章

○陽貨章　解頗不足　謂孔子　解大不足○以迷爲國之迷亂不通亟解大粗失時解非將解鑿○爲皆識孔子非卻是曉喩之辭蓋不解曰不可之文理之誤也○以曰不可爲孔子之言非若

然則曰字上當各有孔子之二字○徒言不仕於貨大失聖意○圈外説亦大粗

○性相近也章　言氣質之性本甚不穩且以近爲性之近以遠爲善惡之遠大失文理

○唯上知章　闕上知下愚解粗○言善惡一定大失勸學之旨○程晴乎文理耳

○子之武城章　言禮不穩　夫子　因言以下粗而大不足　子游　總解頗失其要○知圈外説何用反言

○公山弗擾以費畔章　解不足　子路　末解大粗而解大失　子曰　解頗粗爲東周解非

○子張問仁於孔子章　言心存理得豈不迂而僻乎○於天下説非○爲五者因子張言僻甚且於總解僅下任字解而其解亦不穩何其粗之太甚也吾謂朱茫昧不解者講能爲朱辨之○張李二氏説皆可刪

○佛肹召章解不足子路曰解粗而不足○不入解非如朱說何必君子之子

曰解大粗○楊氏說無益吾豈此亦大粗○張氏說亦無益

○子曰由也章蔽解粗而難遍居解不足好仁言理私言也○解皆大粗而頗多非○如范氏說何先言仁

○小子何莫學詩章特言小子之義不明詩可以興大粗可觀此亦粗可羣粗而文理不穩可怨此亦文理不穩邇之解粗而強多識徒言多識大非蓋不識詩之所為詩也

○子謂伯魚曰章以二南為皆脩身齊家之事豈不強乎且何限於二南其粗亦甚

○禮云禮云章文理不明非○說禮樂唯以敬和大粗余因又謂禮樂者唯敬和之謂乎哉○程說牽強盜賊以下此何等妄語

○色厲而內荏章 總解小粗○以穿窬爲二事非

○鄉原德之賊章 言鄙俗非○反字可刪

○道聽而塗說章 解粗而文理難通○王氏說失而字旨

○鄙夫章 鄙夫解不穩 其未得之 解頗粗 苟患失之 解非蓋吮癰舐痔則忍羞之謂而於患得之或可言之也非患失之謂且如弑父與君其旨迥別矣

○古者民有三疾章 疾解拘而非○言氣稟之偏非 古之狂 總解頗粗殊如愚者何必徑行自遂且言挾私妄作亦愈不穩

○巧言令色章 徒言重出無益

○惡紫之奪朱章 不說文理之主客非○范氏言不正之勝大失聖意

○予欲無言章 言以言語觀聖人鑿言天理流行此其私言耳 子貢曰 此亦粗而

强子曰言天理流行復其私言耳○言子貢不喩非○總解頗失其要唯朱後按小近

○孺悲欲見孔子章言得罪大非如得罪則當曰不見而不可言辭

○宰我問三年之喪章解大粗如壞崩二字殊粗舊穀改火說鑿而非子

曰不說文理大粗夫子之答以何不及禮樂而突出食稻衣錦之言且言無食稻衣錦之理强○以曰

安爲宰我所答大非宰我雖不仁不自發此言且下夫子之語何無子曰二字女安則既言絕之

又言深責之語意戾宰我出言夫子懼行之愚○總解大粗三年之愛句使讀者不知其何謂○

○飽食終日章解小粗耳

○君子尚勇乎章以上爲尚義之文非蓋語勢不穩

○君子亦有惡乎章總解大粗而無次序可觀無意味可據曰賜也但爲

子貢之言粗○此亦大粗以何貫通之是殆與無註者同

○唯女子與小人章 言非慈失聖意無以則禮乎唯禮可以能養也

○年四十而見惡章 解小粗耳

微子第十八 凡十一章

○微子章 不說三人所行之義粗而不足 孔子曰 徒言至誠惻怛此何與婦人之仁異焉○言愛之理此其常辯○而有之有字可刪蓋妨本文有字之旨○楊氏說辯甚

○柳下惠爲士師章 總解小不足○不能之能字可異不知刪也○胡氏考非

○齊景公待孔子章 總解大粗而頗不足○程說亦粗而不足○程朱皆不識論旨故主意不能明耳

○齊人歸女樂章 此亦不識論旨故主意不明○引見幾而作非○范氏似有識者唯未能詳耳

○楚狂接輿章 總解大粗而大不足○以衰爲孔子德衰非○曾不識三而字義 下 與解不明○不識論旨則以何得知夫子所欲言之義朱何不疑於此焉

○長沮桀溺章 解大不足本文而字焉字皆無其謂 長沮曰 不說先問孰與者之肯大粗○知津解亦粗 問於桀溺 解斷不足○滔滔解非以解亦非○誰以易之解大非○辟人及辟世解皆不足○耰而不輟解非 子路 鳥獸以下解大粗而大非以何解鳥獸○言天下平治則我無變易之此何等癡語聖人之言決不然○言欲以道易之亦失聖意

○子路從而後章 四體不勤五穀不分解取踰透而大非夫遠遊奈何謂之不勤且丈人以何知之盡也 子路拱 不識文理甚矣夫子路而何知之晩也 止子路 關解大非 明日 解何獨鄭重於此 子路曰 爲子路述夫子之意文理不穩不從福州本非○總解頗粗其徇祿之言非

○逸民章逸民解粗而非○以虞仲爲仲雍無據非○不能考夷逸爲誰粗子曰解大不足○偸解鑿中慮解不穩少連事強○何不下其斯而已解○獨不論列朱張何不疑此爲謂虞仲解皆牽強我則解粗而頗不足

○大師摯適齊章曰四飯則其爲王者之樂明矣而爲魯之樂官是以總解大不足而大非○無適入之辨大粗○圈外說固也○張氏說愈鑿耳

○周公謂魯公曰章施解大非蓋與故舊不棄句其意重複○以解大非此徒屬大臣之私怨且言去之亦失○何不下故舊不棄解蓋不能解之也○李氏爲四者大粗蓋不識文理也

○周有八士章考證不足且載怪說非

子張第十九凡二十五章

○子張章總解大粗就中如喪思哀本是不易解朱將以何解之學者試爲我說之

○執德不弘章　朱說不穩蓋有所得而守之則雖狹猶不失爲德有所聞而信之則雖不篤亦不失爲聞何謂之不足爲輕重

○子夏之門人問交章　總解大粗而多非○以子夏之言徒爲追狹此不識子夏也爲子張識之亦非且謂子張之言爲有過高之弊大誤大賢以下此文理外之言夫大故之當絕固也何必大賢擇友之當遠固也何必不賢

○雖小道必有可觀者章　關致遠解非泥解不穩○楊氏說致恐字殊無謂

○日知其所亡章　亡解大粗蓋所求有者指言何物豈無所擇而妄知之亦可邪

○博學而篤志章　總解大粗其言力行與其常說戾

○百工居肆章　肆解粗而不足○總解大失本文之旨蓋徒居之徒學之奈何得成其事致其道哉

○小人之過也必文章　不得本文之字肯○憚字當作難字

○君子有三變章　總解粗而頗不足　如厲解殊不穩

○君子信而後勞其民章　蓋人信之則在其平常誠意惻怛則此一時之事於人信之則未也且待人信之則庶有其日矣苟誠意交孚則焉用勞及諫

○大德不踰閑章　大德小德解粗蓋未不能解文理　妄引呉氏謂大賢之言爲有弊不敬夫小節不合理謂之無害可乎哉

○子夏之門人小子章　言小學大學此一家之私言　豈不亦迂乎○以無字爲句語勢總解大不穩倦字難通強作之說非不穩　子夏聞之○如朱說似敎屬無用大非○焉可誣解非子游所言而何至以此愚言○以始卒屬聖人之身上說大非蓋文理與前語大相乖離

○仕而優則學章　優解不穩蓋學何且有餘力○言理其私說

○喪致乎哀章 不尚文飾固也何待其言○此章與楊氏所引之語其旨有小異而引之粗○言有弊大非

○吾友張也章 以為難能為行過高非以仁徒為誠實惻怛之意非

○堂堂乎張也章 堂堂解粗而不足○解鑿而不得文理

○吾聞諸夫子章 總解大粗而不足○如朱說蓋不能見聖語之所可尊者大非

○孟莊子之孝也章 解粗而不足蓋如朱說父賢而子守之未見其難能者也

○孟氏使陽膚為士師章 總解小粗耳○闕勿喜解非

○紂之不善章 不引事實故本文如是二字不通○非謂以下愚

○君子之過也章 闕解大粗而大不足

○衛公孫朝問於子貢章 總解大粗而大不足言功烈殊非

○叔孫武叔語大夫於朝章闕解粗子服景伯無所取喩大粗而非夫子之牆其粗復甚得其門者此亦粗

○叔孫武叔毀仲尼章自絶解大非蓋自字無謂且不與傷字接○訓多字爲適字非

○陳子禽謂子貢曰章解粗豈字以何通之子貢曰解粗夫子之不可及解鑿而非夫子之得邦家總解大粗而頗多不穩殊大失本文所謂二字者○以夫子爲神而不可測者之意非○榮哀解皆非蓋聖人而慰尊親何足榮哉如喪考妣亦恐不免爲虛矣○謝氏大不識者也

堯曰第二十　凡三章

○堯曰章咨解大非蓋如朱說以何得知曆數在舜躬○四海以下解大非蓋永終之永字殊

不通終字亦牽強舜亦以命禹解粗而不足○不可引證孔書皆如之曰予小子履為湯既放桀後之辭非何與其後說繆○為有脫字非○帝臣以下解非蓋不與前後文相接○分朕躬以下為別件非且君有罪非民所致固也民有罪實君所為此亦強人也周有大賚以賚為予非○解大不足其所解則無益雖有周親解大非蓋於此紂何與焉且紂與周不可比較固也何待此言謹權量總解大粗而大不足○法解非興滅國總解大粗而大失文理所重總解復大粗而不足寬則得衆總解復大不足○以上皆不識文理之誤也○

楊氏說亦大粗故猶不識也

○子張問於孔子曰章關斯不亦威而不猛乎以上解大粗設使朱下之解必不能無一二之非矣○猶之以上解但小粗耳猶之一句解大謬蓋如其說本文納字無謂夫聖人之戒人焉有此事且何與其四惡之三語語意不相類甚也余謂學者於此尚不能曉其非則吾將無復言矣

○不知命無以爲君子章解大粗而非不知禮解復大粗而非不知言解復大粗○以上三言解皆破裂貫無所連屬焉○尹氏蓋未窺得一斑者耳

論語集註辨正卷之下終

鳴謝

感謝相田満先生爲本叢書《論語》卷作序
感謝早稻田大學圖書館特別資料室真島めぐみ女士提供圖片幫助